三十而立

孝感建市
30周年
发展纪略

1993
—
2023

30th ANNIVERSARY
OF XIAOGAN

孝感市史志研究中心 编著

中央文献出版社

孝感市地图

编制单位：孝感市自然资源和规划局　中晟地理信息有限公司

编制时间：2023年8月　审图号：孝感市S（2023）001号

孝感市地图

政区版

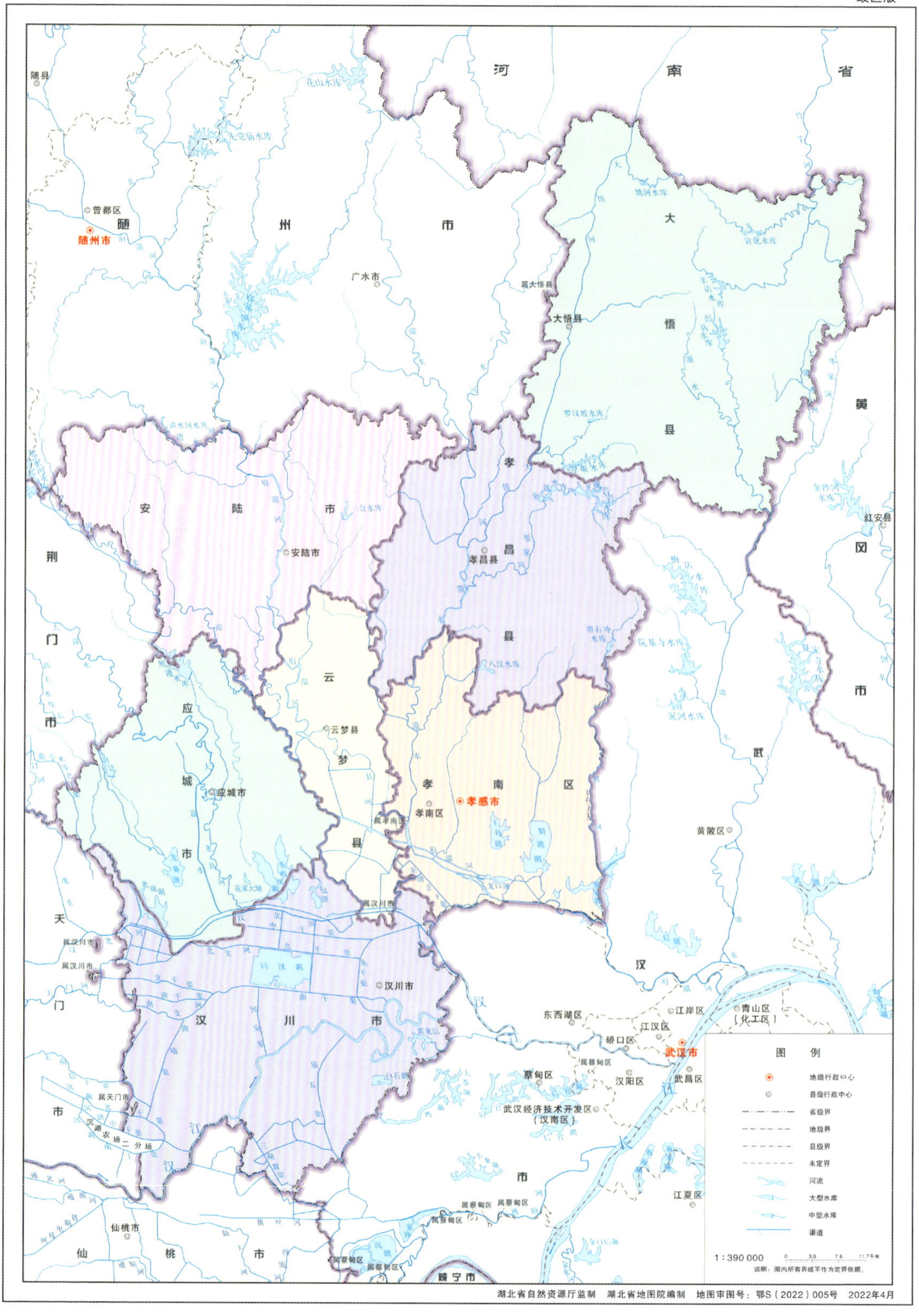

湖北省自然资源厅监制　湖北省地图院编制　地图审图号：鄂S（2022）005号　2022年4月

孝感市城区地图

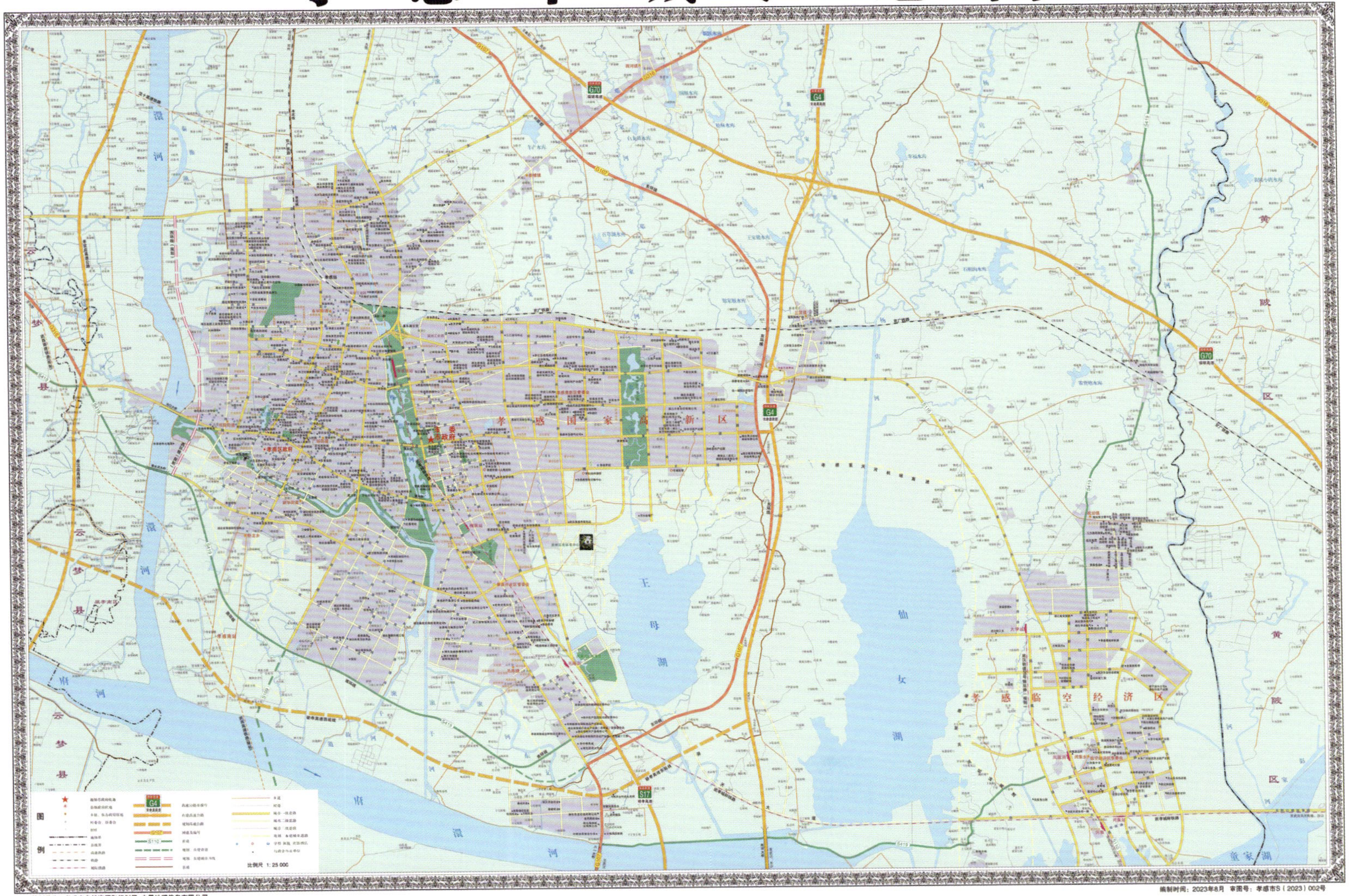

编制单位：孝感市自然资源和规划局 中晟地理信息有限公司

编制时间：2023年8月 审图号：孝感市S（2023）002号

孝感市交通图

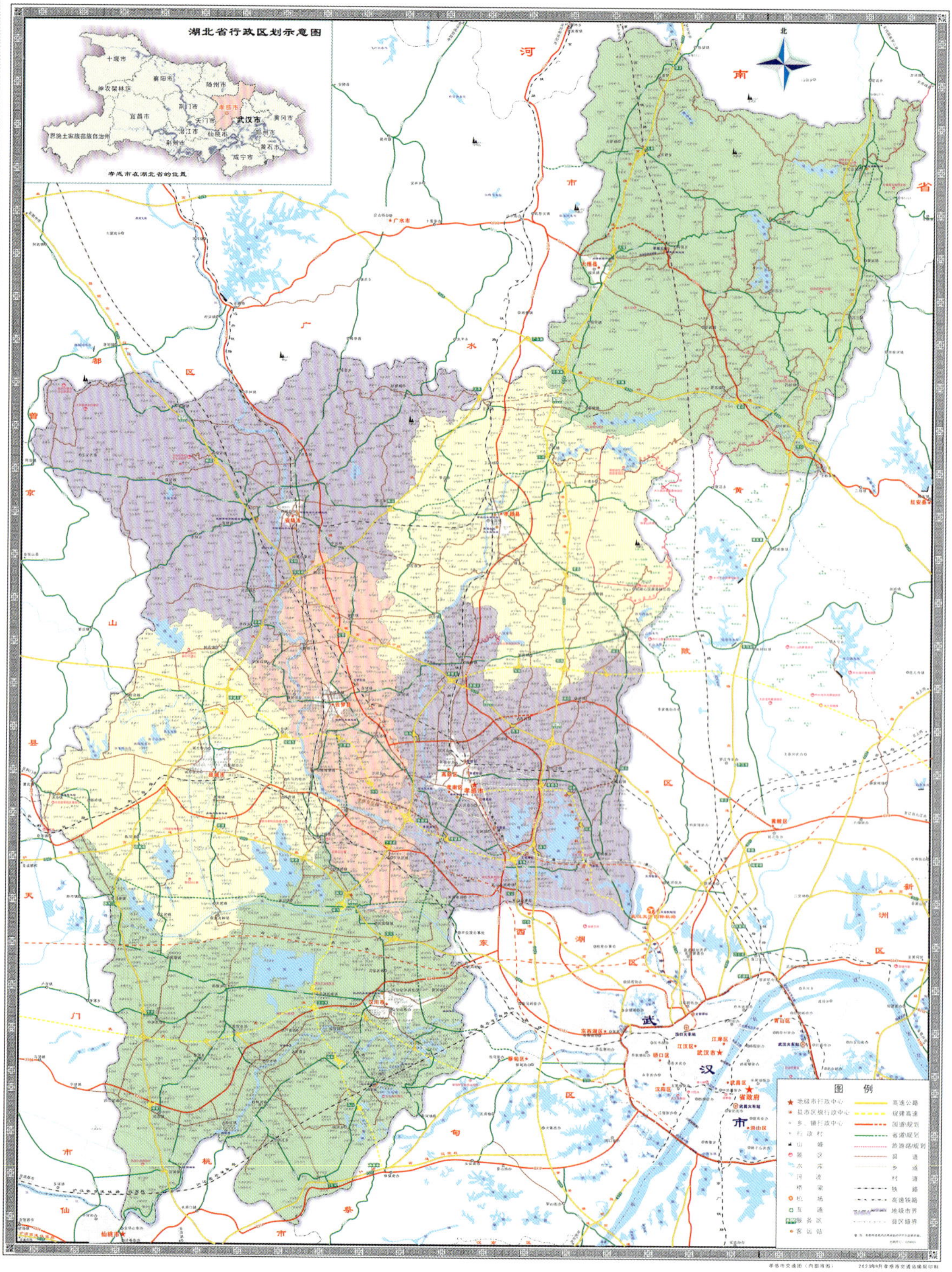

孝感市交通图（内部用图）　　2023年9月孝感市交通运输局印制

孝感旅游地图

孝感新貌

孝南区

汉川市

应城市

云梦县

安陆市

大悟县

孝昌县

《三十而立——孝感建市30周年发展纪略》

编委会

主　　　任：胡玖明　　吴庆华

副 主 任：刘　敏　　帅　逊

曾任副主任：余德芳

委　　　员：龚　勋　　董明炜　　熊道勋　　黄　炜

郭保东　　林成儒　　湛卫锋　　朱　斌

胡　剑　　周显甫　　赵岳军　　徐安平

李霏菲　　袁江涛　　刘　志　　陈少忠

编辑部

主　　编：林成儒

曾任主编：郭保东

副 主 编：胡雪城　　胡翔华　　陈　迎　　付文广

贺耀松

执行编辑：李永来

编 辑 组：易秀云　　张可杰　　秦　荣　　裴再文

刘希平　　胡　昊

特约编辑：胡红霞　　张会平　　刘新元　　王春照

沈　涛　　徐　维　　张华荣　　蒋润涛

宁　波　　周应涛　　董晓芳　　朱　霞

祝志刚　　李文勇　　郭美洲　　石　梦

三十而立著华章 奋楫先行创辉煌*

（代序）

2023年，是孝感建市30周年。

30年沧桑巨变，30年春华秋实；30年砥砺奋进，30年众志成城。这是不忘初心、艰苦奋斗、锐意进取的30年；这是扬帆起航、风雨兼程、跨越发展的30年；这是波澜壮阔、满腔豪情、放飞梦想的30年……

30年来，孝感抢抓改革开放重要战略机遇期，向改革要发展动力、发展资源、发展空间，用梦想与希望演奏了雄浑激越的华丽乐章，用如椽巨笔书写了恢弘壮阔的时代画卷。

——区域经济实现跨越发展

改革增添活力，创新赢得未来。

30年来，孝感历届市委、市政府坚持一张蓝图干到底，一任接着一任干，不断继承创新，全面深化改革，引领孝感走上了经济发展的快车道。

随着供给侧结构性改革、投融资体制改革、扩权赋能强县改革、"放管服"改革、"三资一促""五化管理""看比学促"、乡村振兴"三项行动"、高质量发展"七大行动"、"四主"要求、"211"工作举措等系列改革创新措施落地实施，孝感发展迎来"能级之变""位势之变"，经济总量实现1000亿、2000亿、冲刺3000亿的大踏步跨越，稳居全省第5位，经济结构实现由"二三一"到

---

* 本文引自2023年10月10日《孝感日报》第3版，原标题为《深化改革破坚冰 蓄势待发展宏图——从改革视角看孝感建市30周年》。

“三二一”的历史性转变。孝感 2021、2022 连续两年入选全国先进制造业百强市，汉川连续 4 年入选全国县域经济百强，应城位居中部百强第 65 位，高新区全国排名 68 位，孝南获评“中国生活卫生用纸（品）产业之都”，云梦获批国家农业现代化示范区，安陆入选国家农业绿色发展先行区，大悟入选全国新型城镇化建设示范县，孝昌获评全国“四好农村路”示范县，楚能新能源锂电池产业园项目在临空区落地投产，双峰山打造国家级旅游度假区迈出坚实步伐。

新时代赋予新使命，新使命呼唤新作为。市委七届七次全会审议通过《关于推动城市和产业集中高质量发展做大做强武汉都市圈重要节点城市的实施意见》，把城市和产业“双集中”作为重点，着力构建布局集中、功能集成、产业集聚、要素集约的发展格局，推动建设中华孝文化名城，华中地区商贸物流和供应链基地，武汉都市圈先进制造业基地、农产品加工基地、休闲旅游康养基地，加快打造武汉都市圈重要节点城市，书写着孝感高质量跨越式发展新篇章。

——政治建设彰显担当作为

乘着改革开放的春风，澴川大地风潮涌动，孝感政治体制改革也在积极稳妥推进。

坚持和完善市委领导人大工作制度和方式，把人大工作改革创新纳入市委全面深化改革的重要内容，建立健全立法工作机制，先后出台了《孝感市城乡规划条例》《孝感市城市综合管理条例》等多部地方性法规，创新代表建议督办机制，提升代表建议办理质效，人大工作特色鲜明、亮点纷呈、硕果累累。

在全省率先出台《市委关于加强社会主义协商民主建设的实施意见》，印发《关于完善政协民主监督工作机制的意见》，用创新的思路、创新的机制、创新的方法推进三项职能履行，开创了政协工作新局面。

落实党和政府机构改革、市直事业单位分类改革、公车改革、乡镇综合执法改革等任务，完成市级及7个县（市、区）卫生计生、食品药品行政机构整合，出台《关于建立健全推进“主城崛起”体制机制的实施意见》《关于调整优化孝感市主城区城市管理综合执法运行机制的实施方案》等改革举措，发展活力进一步显现。

——文化建设焕发勃勃生机

文化兴则国运兴，文化强则民族强。

30年来，孝感宣传文化战线高举改革旗帜，坚定文化自信、锐意攻坚克难，推动文化体制改革不断向纵深拓展，全市文化创新创造活力大大激发，人民群众文化获得感和幸福感显著增强。

弘扬和挖掘孝文化时代内涵，出台《大力推进文化跨越加快建设中华孝文化名城纲要》，持续打造孝廉机关、孝德校园、孝亲社区、孝诚企业、孝勇军营“五孝”品牌，举办孝文化旅游节、“十大孝子”评选、“青少年孝月行”等活动，成功打造中华孝文化学术研究和交流核心基地、“中华孝文化高峰论坛”永久会址，孝文化名城“金名片”熠熠生辉。

大力推进文化管理体制改革，孝感日报和孝感广电两大传媒集团相继组建，孝感日报印刷厂转企改制成效良好，传统媒体与新兴媒体深度融合，“孝感新闻网”“云上孝感”“孝感广电”“微孝天下”等微信微博公众号、广电云等多元传播新媒体矩阵逐渐形成。

注重文化基础设施建设，文化中心、奥体中心等一批标志性建筑拔地而起，澴川“新八景”等历史古迹重塑“快马加鞭”，图书馆、博物馆、新时代文明实践站等设施如雨后春笋，城市书房充满活力，市县乡村四级公共文化服务基础设施网络不断完善，孝文化发展成果更多更好惠及广大人民群众。

——社会建设取得巨大成就

民生是人民幸福之基、社会和谐之本。增进民生福祉，满足人民对美好生活的向往，是发展的根本目的。

30 年来，市委、市政府高度重视发展社会民生事业，紧盯就业、教育、医疗、住房等人民群众急难愁盼问题，推出了一系列建章立制的改革举措，人民群众获得感、幸福感、安全感明显增强。

深入推进教育改革，教育规模持续扩大，基础设施日益完善，教育公平更加彰显。建立“政府投入为主”的义务教育投入机制，实施中小学（幼儿园）新改扩建、“全面改薄”、标准化学校建设、教师周转房建设等工程，玉泉小学、丹阳中学、澴川学校、黄香路小学等一批校区先后建设。创新实施学校体育艺术“一校一品”、留守儿童关爱工程等工作，探索“3+2”“五年一贯制”中高职一体化培养改革试点，被教育部评为“国家中小学教育质量综合评价改革实验区”“全国唯一地级市留守儿童关爱工作联系点”。实施孝感市区两级教育管理体制改革，深入推进职教资源整合、“教联体”建设，促进了市区教育优质均衡、可持续发展。

坚持把深化医改工作作为全面深化改革和改善民生的重要内容，全面推进医药卫生体制改革，全民医保制度全面建立，国家基本药物制度实现全覆盖，公立医院综合改革持续深化，分级诊疗制度逐步完善，医联体建设取得积极成效，医疗服务能力不断提升。积极深化农村卫生改革，建立健全农村卫生服务体系，健全完善农村突发公共卫生事件应急处理、新型农村合作医疗等制度机制，切实解决农民“看病难、看病贵”的实际问题。全面推进疾控体系改革和公共卫生体系建设，院前急救体系、基层医疗卫生服务体系、公共卫生应急管理体系全面优化完善，有效应对了世纪疫情冲击。

不断加强治理理念、治理模式、治理手段创新，建立健全“丰”字型平安稳定体系，完善立体化智能化社会治安防控体系，优化涉稳信息“4+N”会商研判、信访诉求“分类处理”和矛盾纠纷“多元化解”等机制，全面落实安全生产责任制和管理制度，有效防范和化解了各领域安全风险。

坚决打赢打好脱贫攻坚硬仗，出台《孝感市脱贫攻坚工作实施方案》《金融业助推打赢脱贫攻坚战的实施意见》等系列文件，采取市级领导结对包保、党员干部驻村帮扶、扶志与扶智结合等系列创新举措，狠抓责任、政策、工作“三落实”，取得了脱贫攻坚战全面胜利。全市累计实现减贫 35.77 万人，503

个贫困村全部出列，大悟、孝昌两个贫困县顺利实现“摘帽”，全国贫困县整合涉农资金现场会、驻村帮扶工作座谈会、“互联网 +”社会扶贫现场观摩会在孝感召开。

建立健全为民办实事制度机制，一体推进主题教育、实践活动、共同缔造，聚焦寄递物流村村通、城区公共停车场建设、菜市场改造提升、小微型消防站建设、幸福食堂推广、既有住宅电梯加装、农村生活污水处理、村湾“断头路”打通、湾组路灯湾湾亮等民生实事，以改革“小切口”做实幸福“大文章”。

——生态文明建设绘就斑斓画卷

绿水青山就是金山银山。

近年来，孝感市深入践行习近平生态文明思想，坚持以改革的办法破解城市发展中的难题，出台《关于坚持绿色发展建设生态孝感的实施意见》《关于推进全域绿化建设美丽孝感的意见》等文件，推动董永公园、后湖公园、槐荫公园、仙女湖公园、邓家河湿地公园、老澴河综合治理等一批生态工程陆续建设，重塑了孝感“两水夹城，一水中道”的水乡园林格局，再现了孝感“清明上河图”的美景。

作为城市核心区域的“森活氧吧”，槐荫公园 2005 年开工建设，以植物景观、人性空间、亲水体验为设计宗旨，建成生态湿地、自然密林、疏林草地、休闲广场、体育公园、特色步道等景观设施，漫步其中，美景处处，已成为人民群众休闲娱乐打卡之地。

为顺应人民群众呼声，还城市一河碧波，2017 年底启动老澴河综合治理工程，坚持高标定位、注重科学规划、健全推进机制、创新方式方法，历经 1000 多个日日夜夜的艰苦奋战，创造了征迁速度、建设速度、社会平稳度“三个前所未有”，实现“治理一条河，改变一座城”，赢得了群众广泛赞誉。

以入选全国第一批农村黑臭水体治理试点城市为契机，积极探索黑臭水体治理新模式，启动城市黑臭水体治理示范市建设攻坚行动，孝南陈家河、汉川迎门渠、安陆下府河沟渠等 44 条黑臭水体治理高标准推进，一幅水清、岸绿、景美、河畅的生态画卷正在澴川大地徐徐展开。

——党的建设呈现崭新局面

制度建设是党的根本性建设，推进党的建设制度改革是提升党的制度建设质量、深化全面从严治党的关键之举。

30 年来，孝感市坚持蹄疾步稳深化党的建设制度改革，着力构建系统完备、科学规范、运行有效的制度体系，有效提高了各级党委领导改革发展的能力和水平。

自 2013 年起，在全市探索推广组织、平台、队伍三个“1+X”服务型党建工作模式，推进“五务合一”全覆盖，改革经验受到中组部、全国党建研究会宣传推介。出台“支部巡整”制度及 10 个领域党支部巡整“五问”指导书，被中组部调研组充分肯定，并在全省交流发言。积极探索深化党建引领加强基层治理新路子，创新体制机制，健全“纵向到底、横向到边”的组织体系，着力推动资源服务平台下沉，夯实了基层组织基础。以打造基层党建“十全十美”工作品牌为抓手，深入推进党建引领基层治理示范带建设，开展美好环境与幸福生活共同缔造工作，着力构建党建引领下共建共治共享的城乡基层社会治理格局。

扎实推进党的纪律监察体制改革，先后完成纪检监察内设机构改革、市本级派驻（出）机构改革等多轮改革任务，推动纪检监察工作具体化、程序化、制度化。建立健全容错纠错机制，深入开展“三学三立”、作风建设“五个宣战”，坚决反对“十小”现象，推动形成了风清气正、干事创业的良好政治生态。

抚今追昔、鉴往知来、开辟未来！站在新的起点上，勤劳智慧的孝感人民，循着对初心与使命的坚守，以改革创新的精神、以“敢、快、干”的状态，以“严、细、实”的作风，在打造重要节点城市的新征程上乘风破浪、信心满满。

目录

CONTENTS

概说 · 30年

图说 · 30年

数说 · 30年

事说·30年

话说·30年

附录

概说

30年

30TH ANNIVERSARY
OF
XIAOGAN

荆楚重镇，南北锁钥。每当夜幕降临，华灯初上，槐荫公园旁的群楼流光溢彩，美不胜收。这里就是孝感，一座全国唯一以“孝”命名的地级城市。

时间的指针来到不同寻常的1993年。乘着邓小平同志南方谈话的春风，国务院批复同意孝感“撤地建市”，孝感由此开启了科学发展、跨越发展、高质量发展的崭新篇章。海绵城市、知识产权强市建设……一系列改革创新举措从孝感首发走向湖北乃至全国；航天三江、楚能新能源……一家家知名企业在孝感投资兴业、分享发展红利；还有来自五湖四海的青年才俊纷纷来到老澴河畔创新创业、成就人生梦想。这里就是孝感，一座让人值得托付的城市。

三十而立，再立潮头。孝感“撤地建市”以来快速发展的成功实践，深刻诠释了改革开放是决定当代中国命运的关键一招，充分展示了中国特色社会主义制度的显著优势和旺盛生命力。相信跨入而立之年的孝感，必将在改革开放的洪流中继续贡献源源不断的能量，在湖北建设全国构建新发展格局先行区中展现孝感担当、作出孝感贡献，书写新时代中国式现代化建设的孝感篇章。

地名由来

孝感原名孝昌，南宋学者王象之在地理总志《舆地纪胜》中提到孝昌属安州，“因孝子董黯立名也”。公元 453 年，南朝宋文帝刘义隆长子刘劭杀父皇篡位。第三子刘骏高举“孝”字大旗，举兵讨伐，从兄长手中夺得帝位。之后，刘骏大力提倡“以孝治天下”，改年号为“孝建”。孝建元年（公元 454 年），他在安陆郡东部、鄳县南境置一新县，取名孝昌，以褒扬此地孝道昌隆。

孝感“由孝昌更名而来”。五代后唐同光二年（公元 924 年），庄宗李存勖为避其祖父李国昌名讳，改“孝昌”为“孝感”，意指“孝”亲之情“感”动天地。据此，“孝昌”之名恰五百年；时至今日，“孝感”之名已逾千年。

孝感因东汉孝子董永行孝感天而传名。传说东汉末年，兵荒马乱，灾祸连绵。董永随父逃难，来到江夏郡安陆县毛陈渡汤家老屋（现属孝感市孝南区毛陈镇）落户。不久，父亲去世，董永无钱治丧，找富人裴员外借贷，卖身为奴抵债，才将父亲顺利安葬。天上仙女被这孝行所感动，下凡与董永结为夫妻，助他偿债。臧励和等编纂的《中国人名大辞典》载：“董永父亡无以葬，乃从人贷钱一万，曰：后无钱还，当以身作奴。葬毕，道遇一妇人，求为永妻，永与俱诣钱主。令织缣三百疋以偿，一月而毕。旋辞去，乃曰：我天之织女，天帝令我助君偿债。言讫，凌空而去，因名其地曰孝感。”明清《孝感县志》都记载了董永行孝感天故事发生在孝感。县志中还记载了古代孝感孝子近 500 人。

“孝感”之名与“孝”字有关。流传甚广的“中华二十四孝”中孝感就有其三：东汉时的董永行孝感天、孟宗哭竹生笋感地、黄香扇枕温衾感人，可谓孝行“感天恸地”。虽说是行孝感天，实际是行孝感人。因此，可以说，孝感是因“孝子众多、行孝感天”而得名、传名、扬名。

孝感董永公园内景

建置沿革

孝感历史源远流长。今孝感市境内各县市区，夏商时代为古荆州之地；周代时为楚、郧、贰、轸等诸侯国割据地，且郧国、贰国、轸国均建都于此；秦代时属南郡；汉代以后属荆州江夏郡；南北朝以后属安陆郡；唐代属安州；宋代以后属德安府；清代分属德安府、汉阳府；民国时期，分属湖北省第三、四、五行政督察区。

孝感作为地市级的建制行政区，设置于1949年5月。当时，中共湖北省委、湖北省人民政府决定设立孝感专区，在礼山县（今大悟县）河口镇成立了中共湖北省孝感地方委员会（简称孝感地委）、湖北省孝感行政区专员公署（简称孝感专署）和中国人民解放军湖北省孝感军分区。7月，孝感地委、专署和军分区机关迁入孝感县城。“文化大革命”期间，孝感专区改称孝感地区。1993年6月，撤销孝感地区，设立地级孝感市。从设置孝感专区到现在，其辖区经历了多次变更。

1951年6月以前，孝感专署辖孝感、礼山、应山、安陆、云梦、应城、黄陂、黄安（今红安）、随县（今随州市）等9县。6月以后，原属沔阳专署管辖的汉川、汉阳两县划归孝感专署，同时设立应城矿区人民政府（县级），此时，孝感专署辖县级政府12个。

1952年1月，大冶专署撤销，原属大冶管辖的咸宁、武昌、蒲圻、嘉鱼、崇阳、通山、通城等江南7县划归孝感专署管辖。6月，随县划归襄阳专署。9月，黄安划归黄冈专署，同时改礼山县为大悟县。

1953年5月，撤销应城矿区人民政府，以后直到1959年11月孝感专署撤销，所属诸县并入武汉市时为止，孝感专署一直管辖江南、江北共16县。1960年8月，在归属武汉市管辖期间，安陆与云梦、咸宁与蒲圻、武昌与嘉鱼、崇阳与通城合并为安陆、咸宁、武昌、崇阳等4县，原16县并为12县。

1961年5月，地市分治，复设孝感专署，武汉市将上述12县归还孝感。12月，孝感专署将所辖12县仍按并入武汉市以前的16县恢复原建制。

1965 年 7 月，将撤销大冶专署时划归孝感的江南 7 县划出，交新设置的咸宁专署管辖，孝感专署管辖原江北 9 县。

1966 年 8 月，孝感专员公署改名为东风专员公署。

1968 年 1 月，成立东风地区革命委员会，1969 年 3 月改名为孝感地区革命委员会。

1975 年 12 月，汉阳县划属武汉市。

1978 年 10 月，撤销孝感地区革命委员会，建立湖北省孝感地区行政公署。

1983 年 8 月，撤销孝感县，设置县级孝感市，同时将黄陂县划归武汉市。

1986 年 6 月，撤销应城县，设置应城市。

1987 年 9 月，撤销安陆县，设置安陆市。

1988 年 10 月，撤销应山县，设置广水市。

1993 年 6 月，撤销孝感地区，设立地级孝感市，同时撤销原县级孝感市，设立县级孝南区和孝昌县。“撤地建市”以后，新设立的地级孝感市实行以市带县的行政管理体制，直辖孝南区，管辖孝昌、大悟、云梦、汉川等 4 个县，代管广水、安陆、应城等 3 个县级市。

1997 年 3 月，撤销汉川县，设置汉川市。

2000 年 8 月，广水市划归新成立的地级随州市代管。

此后，孝感市辖区保持稳定。

市情概览

孝感位于长江以北，大别山、桐柏山脉以南，武汉市西北部，国土面积8904.41平方千米，现辖1区3县3市（孝南区，云梦县、大悟县、孝昌县，汉川市、应城市、安陆市）和市国家高新区、市临空经济区、市双峰山旅游度假区3个功能区。2022年，全市户籍人口500.3万人、常住人口418.58万人。地区生产总值达2776.97亿元，增长5.2%，总量和增速均居湖北省第5位。2023年前三季度，全市地区生产总值同比增长6.9%、增速居全省第3位；规上工业增加值、固定资产投资、社会消费品零售总额分别增长8.2%、9.5%和8.9%，增速分别居全省第7、第3和第2位。

汉十高铁穿城而过

老濉河北岸的星火社区

孝感是孝道之城，有 5000 年建城史，是全国唯一以孝命名的地级市、中国孝文化之乡。古代二十四孝中，董永行孝感天、孟宗哭竹生笋感地、黄香扇枕温衾感人的故事都发生在孝感。云梦楚王城遗址是战国时期的楚城遗址，睡虎地秦墓入选全国“百年百大考古发现”，睡虎地秦墓以西 3000 米的郑家湖墓地 2021 年 9 月 23 日出土“中华第一长文觚”。

孝感是红色热土，走出了徐海东、刘华清等 50 位开国将军。大悟宣化店抗战年代被誉为“小延安”，是中原突围发生地，拉开了解放战争的序幕；孝昌孙家畈是湖北省委、省政府、湖北军区的成立旧址。

孝感是绿色新城，素有“膏都”“盐海”“磷山”之称，已建成 10 个 4A 级景区，入选全国海绵城市建设首批示范城市，获批全国农村黑臭水体整县推进治理试点城市，先后荣获国家园林城市、中国优秀旅游城市、中国十大秀美之城等称号。孝感麻糖米酒远近闻名，孝感红茶远销海外。

孝感是交通节点，是离湖北省会武汉最近的地级市、武汉都市圈第二大城市、重要节点城市。1 条城铁（武孝城铁）、3 条高铁（京广、汉宜、汉十）、3

升级改造后的后湖公园

条普铁（京广、汉丹、长荆）、8条高速（京港澳、福银、沪蓉、沪渝、麻竹、孝洪、硚孝、武大）、5条国道（G107、G316、G346、G347、G348）贯通全境，与武汉中心城区相距50公里，距天河国际机场30公里，综合交通网络里程达到1.89万公里，路网密度达212公里/百平方公里，路网密度居全省第三。

孝感是创新之地，现有1个国家级高新技术开发区、1个国家级经济技术开发区、4个省级经济开发区（园区），2018—2022年连续五年获评全国先进制造业百强，先后荣获国家新型工业化示范基地、全国科技进步先进城市、国家知识产权试点城市等称号。

城市荣誉

国家级荣誉

◎ 全国科技进步先进市

◎ 全国双拥模范城

◎ 国家园林城市

◎ 中国优秀旅游城市

◎ 全国海绵城市建设示范城市

◎ 国家知识产权强市建设试点城市

◎ 全国社会治安综合治理优秀地市

◎ 全国无偿献血先进市

◎ 全国农村黑臭水体治理试点城市

全国文明单位

◎ 国家税务总局孝感市税务局

◎ 湖北工程学院

◎ 孝感市市场监督管理局

◎ 孝感市审计局

◎ 中国电信孝感分公司

◎ 国网孝感供电公司

全国精神文明建设工作先进单位

◎ 孝感市供电局

◎ 国家税务总局孝感市税务局

全国脱贫攻坚先进集体

◎ 大悟县住房和城乡建设局

◎ 孝昌县人民政府扶贫开发办公室

◎ 中共大悟县宣化店镇委员会

全国抗击新冠肺炎疫情先进集体

◎ 大悟县中医医院党总支

◎ 孝感市公安局交通警察支队

◎ 孝感市第一人民医院

驰名商标

湖北福星科技股份有限公司福星商标（钢丝、钢丝绳）

湖北富思特材料科技股份有限公司富思特商标（包装用塑料膜）

湖北永和安门业有限公司永和安商标（金属防盗门、金属建筑材料、金属烤架）

湖北神丹健康食品有限公司神丹商标（蛋制品）

大禹电气科技股份有限公司大禹商标（起动器、电动调节设备）

湖北龙王恨渔具集团有限公司龙王恨商标（鱼饵）

湖北省黄麦岭磷化工有限责任公司黄麦岭 HML 及图（农业肥料、混合肥料、化学肥料）

湖北乾坤购物有限公司乾坤及图（推销替他人）

湖北康欣新材料科技有限责任公司康欣科技及图（层压板加工、伐木及木料加工）

湖北悟道茶业有限公司悟道尖商标（茶叶）

舒氏集团有限公司舒氏商标（胶粘带）

湖北孝棉实业集团有限责任公司天仙配商标（棉、纱）

孝感麻糖米酒有限责任公司孝感牌及图（麻糖）

湖北富邦科技股份有限公司 Forbon 商标（表面活性化学剂等）

嘉施利（应城）化肥有限公司嘉施利商标（有机肥料）

湖北米婆婆生物科技股份有限公司米婆婆及图（米酒）

舒氏集团有限公司九头鸟（胶粘带）

湖北爽露爽食品股份有限公司爽露爽（醪糟）

非遗名录

国家级非物质文化遗产

1. 董永传说

董永传说最早载于西汉刘向编写的《孝子传》。此后三国曹植的《灵芝篇》和东晋干宝的《搜神记》也都有相关记载。关于董永的传说，在民间流传有很多版本。据现有文史资料，有文本可考、年代最早、情节最完整、文字最简洁，与孝感民间传说契合度最高的，当属《搜神记》里辑录的《董永与织女》。因其主题突出（行孝、诚信、感恩）、情节完整（“鹿车载父”“卖身葬父”与天女“助君偿债”）而在我国广大地区广泛流传，成为两千多年来故事嬗变和文学移植的母本，对后世影响深远。

由于董永与七仙女的故事是一个既有教化作用又有爱情色彩的民间传说，其教化内容同中国民众长治久安的大众心理需求相适应，爱情故事又契合了民众追求婚姻幸福的内在感情，这种同现实巧妙融合的艺术特色深受民众喜爱。该传说在长期口耳相传的过程中，因时、因地、因人而异，不断演变，在发展过程中出现了向爱情故事演变的趋势，但故事主体和主题并没有大的变化。20世纪以来的一百年间，董永故事成为拥有广大受众的俗文学（如说唱、戏曲）以及后来兴起的影视文学创作追逐的题材，出现了《天仙配》等影响广远的作品。

董永传说在两千多年的漫长流传过程中，不断与各地的民众生活相结合，其蕴含的历史、文学资料对研究我国各个历史时期社会、经济、政治、文化，特别是对文学艺术方面的研究都有相当的价值。董永传说的教化功能对当今培育和践行社会主义核心价值观也具有很强的现实意义。

2. 汉川善书

汉川善书简称“善书”，又称“未开言”，是广泛流行于湖北汉川、天门、沔阳、潜江、孝感等地的曲艺说书品种。它在汉川最为兴盛，蕴藏的传统最为深厚。

汉川善书形成于清末民初，由清初开始的“圣谕”宣讲活动发展演变而来。传统的表演形式为一人徒口说唱，民国时期发展为两人或多人分行当说唱。其表演程式分“宣”“讲”“答”“对”等项，内容多具有高台教化和劝善祈福的色彩。唱腔曲调有大宣腔、小宣腔、丫腔、梭罗腔、怒斥腔、哀思腔等。汉川善书较为常见的传统节目有《滴血成珠》《蜜蜂汁》《安安送米》《节烈坊》等。

3. 孝感雕花剪纸

孝感雕花剪纸的历史可以追溯到西晋时期，当时孝感的剪纸风尚已与民俗密切结合，当地民众习惯于“人日（正月初七为人日）剪纸为人，或镂金箔为人”。至明代，孝感的剪纸艺术日趋成熟。清代以后，孝感剪纸技艺由使用剪刀剪制发展为用小刀刻镂。1952 年成立了孝感县雕花剪纸艺人协会和孝感县雕花剪纸研究所，积极开展剪纸的保护推广工作。至今已保存和创作了两千余种不同风格的剪纸作品，多件作品被选送到欧亚的十多个国家和地区展览展销，并获得多项大奖。

孝感雕花剪纸合南北艺术之长，以清新活泼、古朴典雅的风格立于中国民间艺术之林。其工艺手法主要包括“剪”和“雕”两种方式，作品纤巧秀美，线面结合，虚实相生，疏密得当，构图精致，线条简练，刀法流利，破功严谨，律动性强，主题明确，给人以质朴纯真、健康活泼的感觉，具有很强的观赏性和装饰性。孝感雕花剪纸内容丰富，作品常以长寿、吉祥、幸福、喜庆为主题，善于用谐音、寓意、象征、含蓄等手法表现人们对美好生活的追求和向往。

4. 三节龙

三节龙流传于云梦县伍洛镇一带，因其舞动的龙由龙头、龙身、龙尾三节组成，并与几十名击鼓者同舞而得名。以前表演三节龙为的是祈求风调雨顺、吉祥太平，因而又叫“太平灯”。表演时，由一条老龙和两条小龙组成一组。每条龙由三人分别舞龙头、龙身和龙尾；龙的周围是 99 人组成的跳鼓队与之共舞，以跳跃击鼓象征雷声，祈求神龙保佑。

“龙头自咬其尾”，将龙舞成圆形，是该舞独具的动作特色。龙时而滚于地面，时而跃上条凳、石磙。舞者上身的动律讲究圆，双手握把贴身，上下成弧线，反复绕“∞”形，使之圆转不断，连贯流畅。特别是在条凳与石磙上的表演难度非常大，要求舞者动作娴熟，配合默契。击鼓者左手持带柄的双面圆鼓，右手持鼓棒，边跳跃边击鼓。表演时，讲究跳得高、打得响，更要吼得欢。三节龙融工艺美术、音乐、舞蹈等多种民间艺术于一体，是传统龙舞中独具风格的节目。

5. 云梦皮影戏

云梦皮影戏的历史可追溯到百年以前，最早表演皮影戏的当数胡金店周家排楼的周铁保先生家，从其曾祖父起，到他已有四代人。周家排楼是安陆、云梦两县的边沿村，历史上曾划归云梦，现属安陆巡店，故有云梦皮影戏源于周铁保先生的曾祖父由安陆传入之说。1905 年，其父陆大独赴安陆城南仰家棚子求名师仰毕可先生学艺的故事，也可佐证。云梦皮影戏兴衰更迭，延绵至今，全县 26 台皮影戏馆主要分布在全县 12 个乡镇和邻县市的茶社演出。云梦城关是皮影戏馆最多的地方，从南到北有 5 家皮影戏馆。保留剧目有《斩钦差》《山娃与凤凰仙子》《梁红玉击鼓战金兵》等。

6. 楚剧

楚剧旧称哦呵腔、黄孝花鼓戏、西路花鼓戏，清代道光年间鄂东流行的哦呵腔与黄陂、孝感一带的山歌、道情、竹马、高跷及民间说唱等融合，形成一个独立的地方声腔剧种，1926 年改称楚剧，距今已有 150 余年的历史。楚剧主要流行于武汉、孝感、黄冈、荆州、咸宁、宜昌、黄石等地。楚剧腔调分为板腔、小调、高腔三部分，板腔包括迓腔、仙腔、应山腔、四平、十枝梅等，小调有《十绣调》《麻城调》《讨学钱》《卖棉纱》等曲牌，高腔有《锁南枝》《梧桐雨》《山坡羊》等曲牌。楚剧的伴奏乐器主要有胡琴、京二胡、二胡、三弦、板鼓、钹、大小锣等。楚剧的角色主要分为生、旦、丑三类，其他行当亦由生、旦、丑演员兼演。楚剧表演讲究贴切自然，运用程式手段不拘一格，乡土气息浓郁，著名演员有沈云陔、高月楼、关啸彬、李雅樵、熊剑啸等。楚剧贴近生活，紧跟时代，表现手段丰富多样，具有很强的包容性，充分显示了鄂东一带地方文化的特色。

非遗名录

省级非物质文化遗产

1. 董永传说
2. 汉川善书
3. 孝感雕花剪纸
4. 三节龙
5. 云梦皮影戏
6. 楚剧
7. 孟宗孝行故事
8. 黄香孝行故事
9. 李白在安陆的传说
10. 杨店高龙
11. 北路子花鼓戏
12. 汤池传说
13. 麒狮舞
14. 应城膏雕
15. 马口陶器烧制技艺
16. 大悟织锦带
17. 孝昌雕花剪纸
18. 汉川荷月
19. 高腔皮影戏
20. 钢镰大鼓
21. 孝感麻糖
22. 孝感米酒
23. 黄滩酱油
24. 安陆皮蛋制作
25. 金漆木梅花
26. 汉东书院传说
27. 杨店高跷
28. 大唐竹马
29. 孝昌大鼓
30. 邹岗旱船
31. 肖港抬故事
32. 锡器制作
33. 孙氏冷兵器锻造技艺

孝南区：董永故里 醉美澴川

孝南区位于湖北省中部偏东，长江以北，大别山、桐柏山山脉以南，江汉平原东北部。国土面积1020平方千米，辖8镇4街道2乡2个办事处及1个省级开发区，172个行政村，76个社区。

从区位环境看，孝南区位优越、交通便利。距省会武汉市铁路里程70千米、公路里程62千米，距武汉天河国际机场45千米，以孝感为中心半径500千米范围内有60多个大中城市3亿多人口，市场空间巨大，物流配送便捷。境内有107、316两条国道，京港澳、福银两条高速公路和京广铁路、汉十高速铁路穿境而过。府河、澴河直通长江，构成以公路、铁路为主，水陆空配套的立体交通网络。在建交通有硚孝高速、孝汉应高速等，正加速形成孝汉半小时通勤圈、生活圈、经济圈。

从经济发展看，孝南经济稳健、产业鲜明，是全国重点发展区和湖北省一类县市区，现已形成纸卫品、建筑建材、食品、新材料等主导产业聚集的发展格局。其中造纸行业更是打造成了以恒安、维达、中顺、金红叶等四大纸业为龙头，金凤凰纸业、武汉洁伶、莱特纸业、金德包装等20多家骨干企业齐聚的格局。孝南因此成为全国唯一排名前四生活用纸企业的齐聚地，中国造纸协会唯一授牌“中国生活用纸生产基地”，被誉为“中华纸都”。

从历史传承看，孝南历史悠久、人文荟萃。孝南境内有距今约5500年的新石器时代屈家岭文化叶家庙城址，被誉为“孝感城市之根”；是汉孝子董永故里，传说中七仙女下凡的地方，有着“中华孝文化名城”的美誉；是著名的“帝师之乡”，先后走出程颐、熊赐履、乔用迁三位帝师；革命战争年代，这里涌现出一大批优秀党政军高级干部，有王新亭、郭述申、胡锡奎等。

从文化事业看，孝南物华天宝、风光秀美。孝南境内澴河、府河、沦河、界河等蜿蜒流淌，王母湖、野豬湖、童家湖等如璀璨明珠；是“麻糖米酒之乡”“莲藕之乡”“小香葱之乡”“全国四大名桃基地”；朱湖糯米、肖港小香葱、野豬湖胖头鱼、杨店水蜜桃被认定为国家地理标志保护产品；天紫湖、金卉庄园、卓尔小镇、凤凰天仙城、朱湖国家湿地公园等景点星罗棋布；是“中国楚剧艺术之乡”“中国民间艺术之乡”，是楚剧和孝感雕花剪纸的主要发源地之一；早有“澴川八景”之说，现以孝文化、农耕文化、非物质文化、红色文化、桃花古驿和滨水湿地等为核心打造国家A级旅游景区。

汉川市：江汉明珠 全国百强

汉川建县始于南北朝梁武帝天监元年（公元502年），因汉江横贯全境而得名，素有“鱼米之乡、江汉明珠”的美誉。1997年3月“撤县设市”，全市国土面积1663平方千米，辖25个乡镇场办事处、1个省级高新区，人口104万，为全国科技进步考核先进县市、全国国土资源节约集约模范县（市）、全国最佳楹联文化城市、中国民间文化艺术之乡、中华诗词之乡、中国河蟹之乡。汉川综合实力稳居湖北省一类县市十强，连续五年被评为“湖北省县域经济工作成绩突出单位”，先后获评全国投资潜力百强县市、全国新型城镇化质量百强县市、全国县域营商环境百强、县域经济与县域综合发展百强、全国治理能力百强县市、全国GDP百强县、全国县域经济百强、中国工业百强县市。

汉川是区位优越的枢纽之城。汉川地处江汉平原腹地，毗邻武汉，位于武汉城市圈核心圈层，区位优越，交通便利。距武汉天河国际机场45千米，离武汉三大火车站均只有1小时左右车程；武汉城市圈环线高速、沪蓉高速、沪渝高速、G348国道、汉丹铁路、汉宜高速铁路穿境而过；境内93.1千米汉江黄金水运线直通长江。S109（汉蔡快线）、索高旅游公路、新沟二线船闸建成通车，沿江高铁、武天高速、孝汉应高速加快推进，规划中的S114（马口高山至蔡甸索河一级公路）、汉川城区至马鞍一级公路、分水至北河一级公路等通道直通武汉。

汉川是产业雄厚的工业之城。全市形成纺织服装、金属制品、食品加工、印刷包装、电力能源五大传统产业和光通信、泛家居、新材料、生物药业、智能装备五大新兴产业，拥有规上企业 477 家，2022 年规上工业总产值 1868 亿元，位居全省县市区前列。制线产量占全国的三分之一，马口被评为“中国制线名镇”；钢帘线生产能力全国领先；是全国三大童车出口基地之一；食品加工业规模稳居湖北省前三；印刷包装产业形成湖北省重要包装产业集群；电力供应、热电联产规模居湖北省前列；光通信产业是武汉光谷重要配套基地。

汉川是资源丰富的物阜之城。全市境内沃野平畴，物产丰富。建成粮食、水产、畜禽、蔬菜四大特色板块基地，是全国 414 个产粮大县之一，粮食总产量稳定在 10 亿斤以上；是全国生猪调出大县，家禽出笼量全省第一，水产品产量连续多年位居湖北省前三，莲藕产量全省第一，是武汉周边重要的“菜篮子”基地；拥有“汉川莲藕”“汈莲”“汈汉湖螃蟹”等一批国家地理标志产品，农产品加工“四个一批”工程在全省五度夺冠。

汉川是活力充沛的创富之城。汉川重商崇商传统浓郁，是最早经国务院批准对外开放的县市之一。汉川商贸繁荣活跃，营商环境优越，基础设施完备，区域布局合理，“活力汉川、创业之都”盛名远播，“一区五园”（市经济开发区、福星工业园、马庙纺织工业园、北河工业园、城南工业园、分水工业园）发展格局基本形成。

汉川是底蕴深厚的文化之城。作为湖北省首批评选的“千年古县”，汉川境内历史遗存众多，古霍城遗址、马口窑遗址、乌龟山遗址等保护完好。“汉川善书”被列入全国首批非物质文化遗产保护名录，马口陶、汉川荷月被评为湖北省非物质文化遗产。汉川自古人杰地灵，有被称为“湖北第一、天下第七”的晚清举人黄良辉；有一代辛亥志士向岩、光照史册的革命烈士王平章和徐宝珊；有当代文艺才子胡沙、汪桂芬等。

汉川是生态秀美的宜居之城。汉川水域资源得天独厚，河湖纵横，水乡特色浓郁，水域面积达 51 万亩。拥有汉江、汉北河等大中型河流 44 条、纳入省管名录的湖泊 15 个。涵闸河、泵站河蜿蜒穿过市区，汈汉湖被列入全省湖泊清淤试点，抓紧建设国家湿地公园；天屿湖国际休闲社区被评为省级旅游度假区，田水湾生态休闲农庄、百禾生态农业园、瑞宏生态农业园等省级休闲农业示范点蓬勃兴起，全域旅游格局逐步形成。城乡环境极大改善，汉江水质达到Ⅱ类标准，建成了“户收集、村集并、镇转运、市处理”的农村垃圾收集转运体系，乡镇污水处理厂实现全覆盖。

应城市：蒲骚故地 膏都盐海

应城因“地处要冲、应置城为守”而得名，地处湖北省中部偏东、孝感市西南，东临漳河、涢水，与云梦县为界；西与天门市、京山县接壤；南与汉川市为邻；北与安陆市毗连。应城中心城区距武汉市公路里程 91 千米，距孝感市公路里程 49 千米；东西宽 43 千米，南北长 48 千米；境域状若菱叶，国土面积 1103 平方千米，现辖 5 个街道、10 个乡镇、1 个良种场和 1 个省管经济开发区，293 个村（社区）；1986 年“撤县建市”，现有人口 63.2 万人；素有“膏都盐海”“鱼米之乡”“温泉之乡”的美誉，石膏、岩盐、温泉并称“应城三宝”。

应城是全国主要的盐化工基地和全国精细化工新材料产业基地，拥有“全国盐化工循环经济示范区”“国家火炬计划新材料产业基地”等多个金字招牌，连续 24 年保持省级文明城市、省级卫生城市的殊荣，先后获评中国最具幸福感县市、中国最佳投资县市、中国最佳品质文化旅游目的地、全国信访工作示范县市，蝉联平安中国建设示范县市，连续七届获中央综治委表彰。2020 年、2021 年，连续两年跻身中部地区县域经济百强，连续两年位居湖北省县域经济一类县（市、区）第 14 位，连续两年荣获孝感市对县（市、区）年度目标考核第一名。

应城是全国商品粮大县、全国最大的籼糯稻生产县市之一。水稻常年播种面积在 70 万亩以上，其中籼糯稻种植面积 37 万亩，占全省种植面积的 27%，现有省级、孝感市级农业产业化重点龙头企业 55 家。先后获评全国农作物病虫害绿色防控整建制推进县市、全国主要农作物生产全程机械化示范县市、全国农村创业创新典型县市、中国乡村振兴示范县市。

云梦县：千年古泽 楚国别都

云梦县位于江汉平原东北部，东临孝南区，西连应城市，南望汉川市，北接安陆市，国土面积604平方千米，辖三乡九镇一经济开发区，人口56万。2022年，全县完成生产总值245.86亿元，按可比价格计算同比增长4.5%；实现农业总产值87.41亿元；规模以上工业企业126家，完成总产值262.05亿元；实现社会消费品零售总额147.50亿元；外贸进出口总额达52633.90万美元。

从区位环境看，云梦位于汉水最长支流涢水在古云梦泽东北一隅形成的冲积平原上，涢水自北向南纵贯云梦北境，又称府河，是桐柏山南麓趋向武汉市的水上通道，还有漳河、汉北河蜿蜒流过，水系发达，湖泊众多；境内有涢水国家湿地公园。汉十（福银）、武荆（沪蓉）、孝洪（圈环）、汉孝应（武汉都市圈大通道）、硚孝高速5条高速过境云梦，其中汉十和汉孝应高速在云梦南北设口，汉十高铁、西武高铁在云梦交会设站，是我国东西快速客运大动脉；汉丹铁路纵贯南北。境内物流企业20余家，其中长舟集装箱货运物流是铁总

集团18个战略装车点之一，年吞吐量达400万吨，辖区内有中盐东兴、广盐蓝天2条铁路货运专线；是长江经济带核心区域，是武汉都市圈第一圈层，距武汉市中心70千米，距武汉天河国际机场50千米，区位优越，交通便利。

从特色发展看，云梦经济特色鲜明，资源富集，产业基础厚实。岩盐、芒

硝、石膏为“云梦三宝”，其中岩盐储量107亿吨，石膏储量7000万吨，钙芒硝储量6000万吨。实现“一主四化”的发展，构建“161”产业体系，形成“云谷”智慧产业、现代化工产业两大特色产业集群；有新材料、汽车零部件、食品大健康、绿色建材、城市矿产、皮草服饰六大主导产业；做强传统产业，推动“161”产业体系“强链、补链、延链”，实现现代工业转型升级。湖北中一科技股份有限公司实现主板上市。云梦还是全国农业现代化示范区创建县，是全国农作物病虫害绿色防控整建制推进县，是国家地理标志保护产品云梦鱼面、白合花菜、云梦白花菜、府河萝卜、倒店西瓜的原产地，是电子商务进农村综合示范县，是屋顶分布式光伏开发试点县，是省级隔蒲潭工业园区基地，是全国智能传感器聚集地——“云谷”，是旅游度假目的地。

从历史传承看，云梦曾是楚国别都，秦代禁苑，江夏郡治，是全国文物大县和楚文化、孝文化的重要发祥地，于西魏大统十六年（公元550年）置县。境内有战国楚王城遗址、出土“卧鹿立鸟”雕塑的珍珠坡楚墓群区、大坟头战国古墓葬区、出土秦简的秦代睡虎地古墓葬区；有见证秦汉大一统、出土“中华第一长文觚”的郑家湖墓区；有出土金质“关内侯印”、东汉陶楼的汉墓群区；有梁代古刹泗洲寺；有明代儒学建筑群院落大成殿等众多历史遗存。还建有馆藏文物5000余件，其中国家一级文物25件的云梦祥山博物馆。

从社会事业看，云梦各项社会事业协调有序发展，被评为全国农业农产品质量安全县，全国县域流通服务网络强县重点培育县，全国县域电商竞争力百强县，全国首批“投资环境诚信安全区”之一，全国优质粮食生产基地县，全国首批无公害蔬菜生产基地示范县，全国平原绿化先进县，全国科技进步先进县，全国体育先进县，全国主要农作物生产全程机械化示范县，全国村庄清洁行动先进县，湖北省金融信用示范县、省级文明城市、卫生城市、园林城市、森林城市、生态文明城市，全省食品安全示范县、全省创新型县、全省“两业”融合试点县、全省完整社区试点县、全省滨水环境治理试点县。云梦还是湖北省民间文化艺术之乡，第一、二批革命文物保护利用片区分县，第二批结合新型城镇化开展支持农民工等人员返乡创业试点地区等。

安陆市：李白故里 诗画安陆

安陆，居鄂中腹地，是楚文化发祥地之一。北部层岚秀出，南部平畴沃野，东部丘陵起伏，西部岩壑幽深，府河纵贯市境，山川环峙，水陆流通；是如诗如画、钟灵毓秀之地，是全国园林城市。

安陆历史悠久，是西周、春秋早期郧国所在地，自汉代开始一直为历代州、郡、府所在地，是湖北千年古县（先秦时期），为湖北省“最古老地名”。

安陆区位显要，古有“鄂北咽喉”“中原门户”之谓。域内有武（汉）西（安）高铁安陆西站、汉（口）丹（江口）铁路安陆站，福（建）银（川）高速、武汉都市圈外环高速在安陆及周边设有5个互通，316国道以及S243、S211、S210、S262、S334等5条省道穿境而过，成为连接东西部地区的交通枢纽。安陆为武汉都市圈圈层城市，是武（汉）—孝（感）—随（州）—襄（阳）—十（堰）万亿级汽车走廊重要节点城市。

安陆文化底蕴深厚，名人辈出。两千多年以来，这里孕育了楚国一代贤相斗子文、唐代“两宰相”（许圉师、郝处俊），宋代“四状元”（王世则、宋庠、

宋祁、郑獬）、宋末元初理学家赵复、明代“三巡抚”（张瓒、高翀、何迁）等历史文化名人。唐代诗仙李白“寓家安陆、求索十年”，留下106首不朽诗篇。近代以来，安陆先后走出池际尚、郭令智、李仲平等院士以及多位共和国将军。“全国计生楷模”王桂珍、“韧书记”严大平、“最美农技干部”周小贺、“全国抗击新冠肺炎疫情先进个人”黄汉明等模范人物的事迹感动全国。

安陆是革命老区。抗日战争时期，李先念、陈少敏等老一辈无产阶级革命家在安陆创建了赵家棚、白兆山两块抗日民主根据地；安陆还是新四军第五师建军地。

唐代大诗人李白“寓家安陆、求索十年”，为安陆这座千年古城植入神奇浪漫的文化基因。秉承太白遗风，安陆诗风兴盛，书香缭绕，被评为全国文化先进单位，是全国漫画之乡、诗词之乡。安陆深耕文化产业，全力打造“李白文化”“银杏文化”“红色文化”“漫画文化”“古城文化”五张文化名片，做深“五大文化”与旅游的融合，壮大文化旅游产业，加快打造“全域旅游目的地”，争创全省、全国全域旅游示范县市。以白兆山李白文化风景区为主，西连王义贞镇古银杏国家森林公园、北接赵棚红色革命老区的“一主两翼”全域旅游格局正在形成；伍欣甸园、盛世闻樱、大唐田园、李白文化艺术村、昆虫世界等农旅、文旅、康旅融合项目加快发展。全市有府河国家湿地公园1处、省级旅游名村2个（碧山村、钱冲村），4A级景区1个，3A级景区1个。安陆风光两次入选外交部向全球推介湖北专题片。

安陆产业特色鲜明。深入实施工业经济“赋能挺脊”行动，安陆加强科技创新，实施产业升级，制造业产业链、农业产业链形成聚集效应。食品医药、金属制品、建材加工、粮油机械四大传统产业和光电子信息、汽车零部件、新材料三大新兴产业，构建了安陆工业“4+3”制造业产业链。安陆也是中国粮油机械之都、全国蛋品加工基地、中部炊具生产基地。禽蛋、生猪、香米3条特色农业全产业链和银杏、白花菜、南乡萝卜、蓝莓、食用菌、吉阳大蒜6个特色农产品，构建了安陆“3+6”特色农业产业链。安陆是全国商品粮基地、产粮大县、畜牧业绿色发展示范县（市）、农产品加工示范基地、农业产业化示范基地和孝感国家农业科技园区核心区。神丹蛋品、银杏、白花菜、南乡萝卜为国家地理标志产品和区域公共品牌。

大悟县：鄂北门户 红色沃土

大悟位于湖北省东北部，地处大别山西端南麓，辖县开发区、高铁经济试验区、悟峰山度假区 3 区和 17 个乡镇，总人口 64 万，面积 1986 平方千米。

大悟是一块红色土地，是全国著名的革命老区和十大将军县之一。在土地革命战争、抗日战争和解放战争时期，一直是红色政权的腹地和革命斗争的中心。新四军第五师以大悟山为中心创建了纵横千里的鄂豫皖湘赣抗日根据地，震惊中外的“中原突围”发生在宣化店，拉开了解放战争的序幕。这里先后有 16 万人参加革命，7 万英雄儿女献出宝贵生命，涌现出徐海东、程世才、聂凤智、周志坚等 37 位开国将军，周恩来、董必武、邓小平、李先念、刘伯承、徐向前等老一辈无产阶级革命家曾在这里留下光辉足迹，走出了刘华清、钱运录等一大批党政军高级领导人。全县保存有革命遗址 107 处，其中全国重点文物

保护单位 2 处，全国重点烈士纪念建筑物 1 处，省级重点文物保护单位 3 处。

大悟是生态优美、物产富饶之地。大悟是国家重点生态功能区、全省创建“绿水青山就是金山银山”示范县、湖北省森林城市、省级生态文明建设示范县，森林覆盖率达 52.5%，空气优良天数比例常年保持在 90% 以上，到处是潺潺流水和迷人的田园风光，境内金、铜、磷、石英石、花岗岩等矿产资源丰

富。大悟是农业大县，种植板栗71万亩、茶叶30万亩、油茶18万亩、花生35万亩、药材10万亩，大悟花生、大悟茶、大悟泥鳅获批国家地理标志产品，河口镇金墩村（抹茶）被评为全国“一村一品”示范村，大悟先后获评中国乌桕之乡、名茶之乡、板栗之乡、国家经济林建设示范县、国家绿色食品花生标准化示范区和全国油茶重点县。

大悟是民俗独特、文化深厚之地。鄂豫两省四县民俗文化在此汇聚、交融和传承，构成了颇具地方特色的民俗文化，北路子花鼓戏、大悟织锦带、高腔皮影戏、钢镰大鼓被列入湖北省非物质文化遗产保护名录，先后获评中华诗词之乡、中国楹联文化县。生态文化旅游蓬勃发展，中原军区旧址、悟峰山十八潭“一红一绿”两个4A级旅游景区交相辉映，北山红叶、美丽金岭风景怡人，九女潭、三天门清幽静谧，铁寨、装八寨奇石林立，双桥古镇、九房沟、八字沟古色古香，“红色大别山·醉美十八潭”“金秋好时节·大悟赏红叶”“田园故里·乡约金岭”“红秀大悟·茶香天下”等文化旅游品牌享誉省内外，大悟荣获首批中国醉美摄影旅游目的地、全国红色旅游摄影根据地。

大悟是交通便捷、区位优越之地。大悟地处鄂豫两省交界，是连接武汉城市圈与中原城市群的黄金节点，素有“鄂北门户”之称。京广高铁在大悟设有地级中间站——孝感北站，到武汉只需28分钟，京港澳高速公路纵贯南北，大别山红色旅游公路横穿东西，麻竹高速、346国道穿越县境，武大高速全线通车，境内11个高速公路出入口，所有乡镇实现半小时上高速，“井”字形高速公路网、国省干线公路网、农村公路网四通八达、快捷便利，鄂北区域交通枢纽地位日益凸显，人流、物流、资金流等发展要素加速汇聚，为大悟高质量发展打开了广阔空间。

大悟是机遇叠加、绿色发展之地。站在新的历史起点，大悟拥有新型城镇化、三农融合化、改革纵深化、能源革新化等多重政策机遇，生态文化旅游、农产品加工、新能源、金属材料、印刷包装等主导产业加速迭代，开放发展潜力巨大、跨越发展前景广阔。特别是在实现碳达峰碳中和目标的大背景下，绿色化、低碳化将成为生产方式转变、经济发展转型的“主旋律”。大悟林业资源丰富，新能源产业基础良好，绿色能源总装机规模92万千瓦，年发电量超过17.6亿千瓦时，总量30万千瓦的抽水蓄能电站项目落地实施，120万千瓦三塔寺水库抽水蓄能站点已纳入省备选站点，建成全省首个零碳村，在建零碳村20个，大悟新能源产业发展进入多能互补的“快车道”。

孝昌县：孟宗故里 梦里花园

孝昌县位于湖北省东北部，地处大别山南麓、江汉平原北部，东与武汉市黄陂区接壤，南与孝感市孝南区毗邻，西与云梦县、安陆市交界，北与大悟县、广水市相连。全县辖花园镇、陡山乡、邹岗镇、丰山镇、周巷镇、小悟乡、小河镇、王店镇、卫店镇、季店乡、花西乡、白沙镇等12个乡镇和1个省管经济开发区、1个国家4A级生态旅游区。全县共有189个村、30个社区，国土总面积1191.48平方千米。2022年末，全县总人口65.7万。

从地理位置来看，孝昌区位优越、交通便利。孝昌地处大别山与江汉平原交会地带，京港澳高速、孝洪高速、107国道、京广铁路纵贯南北，汉十高速、243省道连接东西，是鄂东北承启南北、连接东西的重要交通节点，与武汉市黄陂区共山共水共生态，属武汉都市圈重要组成部分。县政府驻地花园镇距孝感市中心城区40千米，距省会武汉80千米，距天河国际机场70千米。

从县域发展来看，孝昌绿色发展、蹄疾步稳。1993—1998年，孝昌完成了"开荒拓土、创业奠基"的第一次创业目标。1998—2003年，孝昌实现了"推进工业、调整农业、扩张城镇、改善基础设施"的第二次创业任务。2004—2006年，孝昌进入加快建设全面小康社会阶段。2007—2015年，孝昌实施全面建设全省中等发达县战略。2016—2021年，孝昌推进"六个孝昌"（书香孝

昌、健康孝昌、美丽孝昌、文明孝昌、开放孝昌、创业孝昌）建设，开启“建设山区经济强县、全面建成小康社会”的第三次创业新征程。2020 年 4 月省政府正式批准孝昌县退出国家级贫困县，与全国同步全面建成小康社会。今日孝昌，正围绕“绿色崛起、山区强县”奋斗目标，聚焦“五区一支点”（打造产城融合示范区、乡村振兴示范区、改革创新示范区、生态文明示范区、和谐幸福示范区、武汉城市圈外延支点）发展任务，坚持产城一体做强县城、城乡一体全域协同、孝汉一体融入同城，奋力实施强县工程、全面推进乡村振兴，进入全面建设社会主义现代化强县的新征程。1993 年，孝昌县国内生产总值 3.97 亿元；2022 年，孝昌县国内生产总值 184.67 亿元。

从文化底蕴来看，孝昌历史悠久、底蕴深厚。孝昌因“民风淳朴、孝子辈出、孝道昌隆”而得名。孝昌始建于南朝宋孝建元年（公元 454 年），迄今已有 1500 余年。这里有代表殷商文化的殷家墩遗址和战国时期古城堡遗址“草店坊城”；有保存较为完好的明清古街——“小河明清一条街”；有颇具影响力的佛教圣地观山禅寺；有革命先辈李先念等创建的大悟山、小悟山抗日指挥中心和开国上将刘震将军故居等遗址 47 处；抗日军政大学第十分校在此开办；湖北省委、省政府和湖北军区在此诞生；有碧波千顷、风光旖旎的观音湖和巍峨挺拔、怪石嶙峋的大悟山等自然风景区 20 余处。

从社会事业来看，孝昌书香润泽、声名鹊起。科技事业以科技创新为动力，科技服务产业发展的作用进一步增强，2014 年孝昌县连续 6 次被科技部命名为“全国科技进步合格县”，2017 年、2018 年，孝昌县获评全省科技创新贡献突出县、科技创新驱动发展表现优秀县、知识产权强县工程示范县。教育事业加大投入力度，不断完善配套基础设施，推进学前教育、基础教育、职业教育、特殊教育均衡高质量发展，获评全省学前教育示范县。文体事业蒸蒸日上，县文体中心竣工投入使用，群众性文化活动蓬勃开展，开展文艺汇演、“书香孝昌”建设等文化惠民活动，创作《孝廉孟宗》《西游真相》等文学作品，建设农家书屋，广泛开展全民阅读活动，获评湖北省全民阅读活动“十佳书香县”。卫生健康事业健全城乡医疗卫生机构，构建医疗卫生服务体系，孝昌县第一人民医院门诊大楼和住院大楼等建成使用、孝昌县妇幼保健院实现整体搬迁、孝昌县中医院机构成立运行，获评湖北省妇幼健康优质服务县。基层社会治理事业坚持标本兼治，市域社会治理现代化试点有效推进，发展安全更有保障，社会更加和谐稳定，获评全省“扫黄打非”示范县。

图说30年

30TH ANNIVERSARY OF XIAOGAN

光影里的孝感，色彩斑斓；光影里的孝感，如诗如歌。

这里青山碧水相辉映，自然人文相交融，四季宜游。春赏花，卓尔桃花风卷成画，金卉郁金香花开成海；夏消暑，观音湖水明澈如镜，孝爱双峰山奇峰竞秀；秋观叶，北山红叶浸染山川，钱冲银杏谷满目金黄；冬康养，汤池温泉暖暖惬意，浪漫天屿湖其乐融融。这里“一河两岸八埠口，两块麻糖一杯酒”，饮有净水香茗，食有湖鱼河鲜。享天时之惠，占地利之优，得人和之盛。

建市 30 年来，孝感每天都不一样。光影定格中，孝感的市井百态得以留存，高光时刻得以展现。通过图片，我们记录下孝感的高度、速度、跨度、精度、深度、力度、厚度、密度、广度、温度等独特标识，记录下了孝感的颜值和气场，记录下了孝感 30 年巨变的非凡和伟大。

历史回眸

三十年奋斗长卷，孝感步履铿锵。由远及近，一个个时间刻度，见证了孝感砥砺奋进的历程。

这 30 年是孝感奋斗的 30 年，也是孝感收获的 30 年。尤其是党的十八大以来，全市坚定不移推进高质量发展，主动服务和融入全省建设全国构建新发展格局先行区大局，全力打造武汉都市圈重要节点城市，在湖北“建成支点、走在前列、谱写新篇”的新征程上以一域精彩为全局添彩，在国家“强起来”的伟大进程中烙下了鲜明的“澴川印记”。

1993 年 6 月 26 日，中共孝感市委、孝感市人民政府揭牌

1993 年 10 月 23 日至 26 日，中国共产党孝感市第一次代表大会在孝感礼堂开幕

1993年11月15日至18日，孝感市第一届人民代表大会第一次会议召开

1993年11月13日至16日，政协孝感市第一届委员会第一次会议召开

1993年，孝感市委、市人大、市政府、市政协办公所在地

1997 年 10 月 28 日，孝感市市直第一家股份有限公司——湖北孝感麻糖米酒股份有限公司（2001 年改制转民为孝感麻糖米酒有限责任公司）成立

1997 年 11 月 8 日，汉川汉江大桥建成通车

1998 年 9 月，汉川市人民群众欢送抗洪抢险的解放军

1999 年 5 月 26 日，孝感市首家上市公司——汉川钢丝绳股份公司在深圳证券交易所上市。图为福星科技厂区

2000 年 10 月 9 日至 14 日，孝感市第一届运动会、湖北省第五届（金龙泉）啤酒节在市体育中心举行。图为孝感市第一届运动会开幕式

2000 年 12 月 1 日，孝感市人民广场动工兴建。图为人民广场奠基仪式

2001 年 10 月 18 日，孝感市行政服务中心作为湖北省第一家行政服务中心开始运行

2002 年春节期间，市领导慰问市直新闻单位采编人员

2002年12月12日，《董永与七仙女》邮票首发式暨孝文化艺术节总结表彰大会在孝感宾馆举行

2003年11月18日，湖北省首届“荆楚十大敬老好儿女”颁奖仪式在孝感举行

2004 年 5 月 18 日，孝感市首家博士后产业基地——湖北省博士后福星科技股份有限公司产业基地挂牌成立

2005 年 9 月 28 日，《中国人民解放军大将·徐海东》纪念邮票首发式在大悟县举行

2006 年 9 月，孝感党政代表团向曲松县捐赠 160 万援藏资金

2007 年 5 月 15 日，“中国光谷·华中科技孝感产业园”项目落户孝感市开发区

2008 年 10 月 20 日，首届中国（孝感）汉字书写节在湖北职业技术学院文昌广场举行

2009 年，孝感市“三河连通”一期工程通水。“三河连通”工程是孝感市澴东水生态系统保护和修复工程的核心项目之一，通过建坝拦水、开渠引水等工程技术措施，实现孝感城区澴河、老澴河、滚子河三条河流连通

2010 年 4 月，孝感市经贸文化代表团参加湖北·武汉台湾周活动期间，向台湾新同盟会赠送“董永与七仙女”红花瓷瓶

2012 年 4 月 26 日，原孝感学院正式更名为“湖北工程学院”

2012 年 9 月 21 日，孝感槐荫公园二期工程开工

2012 年 9 月 28 日，京广高铁孝感北站开通运营

2013 年 1 月 6 日，孝感城区 2013 年公租房实物配租公开摇号

2013 年 12 月 10 日，总投资 20 亿元的华中光电产业园在高新区开工建设

2014 年，全球最大汽车车灯制造商、丰田汽车公司垂直系列的成员日本小糸落户孝感高新区

2014 年，开展“助企纾困”活动

2015 年 4 月 15 日，由两家世界 500 强企业参与投资的湖北华中马瑞利汽车照明有限公司正式投产

2015 年，云梦东站开工建设

2016 年 10 月 18 日，孝感市第五届运动会“共襄体育盛会 · 同享艺术精彩”大型群众文体活动展示在孝感体育场举行

2016 年 12 月 1 日，武孝城际铁路正式开通运营

2016 年 3 月，总投资 6 亿元的韵达速递华中总部基地项目落户市临空经济区

2018 年 1 月 28 日，童家湖特大桥正式通车，孝汉大道全线开通。图为连接天河国际机场的童家湖特大桥

2020年3月23日，孝感市民自发欢送重庆支援孝感医疗队

2020年3月21日，孝感市在汉川、应城、安陆分别举行仪式，深情欢送黑龙江省援孝医疗队

2022 年 11 月 23 日，市领导到东苑社区宣讲党的二十大精神，调研共同缔造试点工作

2021 年 11 月 9 日，举行“119”消防宣传月启动仪式

2023 年 4 月，市领导调研“强县工程”推进情况

2023 年 10 月 23 日，市领导实地调研瀚蓝（孝感）固废处理有限公司

2023 年 8 月 9 日，孝感市金融创新科技产业园项目开工

2023 年 8 月 19 日，中国共产党孝感市第七届委员会第七次全体会议举行

发展新貌

1993 年，国务院批准孝感“撤地建市”，从此孝感掀开了历史的新篇章，开启了发展的新纪元。

岁月更迭，春华秋实。孝感建市 30 年，全市人民乘着改革开放的浩荡东风，抓住历史赋予的发展机遇，解放思想、开拓创新、务实奋进，经济社会等各方面取得了令人瞩目的成就，城乡面貌发生了翻天覆地的变化。站在这片充满希望的土地上，所有亲历与见证过的人，无不为孝感 30 年的美丽嬗变而赞叹。

孝感东站

汉川站

云梦东站

安陆西站

武汉城市圈环线高速公路大随至汉十段

武汉城市圈环线孝感北段主体建成

硚孝高速毛陈互通

武大高速龙家口大桥

麻安高速大悟段步丈岭隧道

福银高速与孝洪高速互通

汉川汉江大桥

天仙南路澴河大桥

董永北路立交桥

澴川路地下通道

邓家河湿地公园

老澴河新貌

孝感市澴川学校

孝感市丹阳中学

湖北孝感高级中学

湖北职业技术学院

湖北工程学院

孝感市第一人民医院东城院区

孝感市中心医院

孝感市妇幼保健院（儿童医院）东城院区

宜居之城

孝感文化底蕴深厚，孝德文化精彩，是全国唯一以“孝”命名的地级城市。董永公园、黄香孝文化园、孟宗公园、槐荫公园等一大批景观、景点和景区，托起了中华孝文化名城。孝感现有国家级“非遗”6项，省级“非遗”33项。孝感剪纸、安陆漫画、杨店龙灯、云梦皮影戏、汉川善书等文化名片，久负盛名、历久弥香。

建市30年来，孝感依托中华孝文化旅游节以及孝南杨店桃花节、汉川河蟹节、安陆李白文化节、大悟红叶节、孝昌乡村文化旅游节等一个个节会，努力将孝感特色文化推向世界；打造“澴川书房”，兴建综合性文体设施，面向公众免费开放，积极推进公共服务进社区，完善提升15分钟“阅读圈”“休闲圈”“健身圈”；按照“300米见绿、500米见园”的标准，建成各类游园近百处，广大群众享受到家门口的绿色福利。

文昌阁雪景

董永故里鸳鸯楼

云梦祥山博物馆

中华黄香文化园

孝昌孟宗文化公园

孝感市首家城市书房——澴川书房城东分馆

第七届湖北楚剧艺术节在孝感举办

孝感楚剧艺术保护传承中心创作的楚剧《槐荫谣》

孝感市文联组织开展“送欢乐进乡村”活动

老当益壮舞祥龙

大悟鄂豫边区革命烈士陵园

大悟芳畈白果树湾新四军第五师司令部旧址、纪念馆景区

大悟宣化店中原突围纪念馆

鄂中革命烈士纪念馆

安陆李白文化旅游节

安陆白兆山风景区

2023 孝感马拉松开跑

2023 孝感马拉松颁奖仪式

2020—2021 赛季湖北省大众足球联赛开幕式在孝感市体育中心举行

汉川河蟹丰收节

“健康孝感·相约双峰”孝感市第五届登山大会

2021 全民健身展示

孝感高新区东西杨路绿廊公园

孝感槐荫体育公园

双峰山激情运动

孝感市文化中心

孝昌文体中心

孝感市体育中心

宜业之城

孝感是全国十大优质稻米生产基地和名贵水产品生产基地，境内膏、盐、磷矿储量丰富，素有“膏都”“盐海”“磷山”之称。

作为连接湖北、河南两省重要的区域性交通节点城市，1 条城铁（武孝城铁）、3 条高铁（京广、汉宜、汉十）、3 条普铁（京广、汉丹、长荆）、8 条高速（京港澳、福银、沪蓉、沪渝、麻竹、孝洪、硚孝、武大）、5 条国道（G107、G316、G346、G347、G348）穿城而过、纵横交错。孝感距武汉中心城区仅 50 公里，距武汉天河机场 30 公里，乘武孝城际铁路到武汉天河机场仅需 17 分钟、到汉口火车站仅需 25 分钟。

建市 30 年来，孝感坚持“产业集群 + 特色园区”发展模式，突出产业链招商、精准招商，打造大数据招商平台，绘制产业链招商地图，着力延链补链强链，优化产业结构，确定“4+2”主导产业，加快纺织服装、纸（卫）塑包装、盐磷化工、食品加工等 4 个传统产业扩量提质，突破性发展光电子信息、装备制造 2 个新兴产业，推动形成以链主企业为龙头、以供应链平台为支撑、以产业园区为载体、以产业链为纽带的产业集群集聚发展格局。

党的十八大以来，孝感抢抓“一带一路”、长江经济带、军民融合、大别山革命老区振兴发展、武汉建设国家中心城市、武汉都市圈、湖北自贸区、汉江生态经济带等多重战略机遇，服务湖北加快建设全国构建新发展格局先行区大局，坚持把打造武汉都市圈重要节点城市作为目标引领，把以流域综合治理为基础推进四化同步发展作为根本路径，把强县工程作为基础性工程，把共同缔造作为工作理念和方法，在城市功能、产业功能、交通功能、生态功能等方面发挥节点作用，加快建设“一城四基地”，全力营造亲商、安商、利商、富商的投资发展环境，切实把孝感做大做强。

“楚商孝感行”暨项目签约活动

工业项目“标准地”出让五证同发颁证现场

湖北军民结合产业化示范区孝感产业园——三江产业园

孝感高新区激光产业园二期项目建设现场

华中光电产业园

日商产业园

万山特种车辆制造厂员工在车间组装模块车

航天重型工程装备有限公司员工调试两轴重型矿用自卸车

航天重工孝感制造基地

湖北华中马瑞利汽车照明有限公司车灯装配车间

湖北小糸车灯有限公司

孝感华工高理电子有限公司员工在生产车间加工产品

孝感市静脉产业园二期项目

孝南经济开发区工业园区

首衢城

湖北米婆婆生物科技股份有限公司

维达纸业智能化生产线

维达护理（湖北）公司生产车间

湖北恒大包装有限公司纸箱智能联动生产线

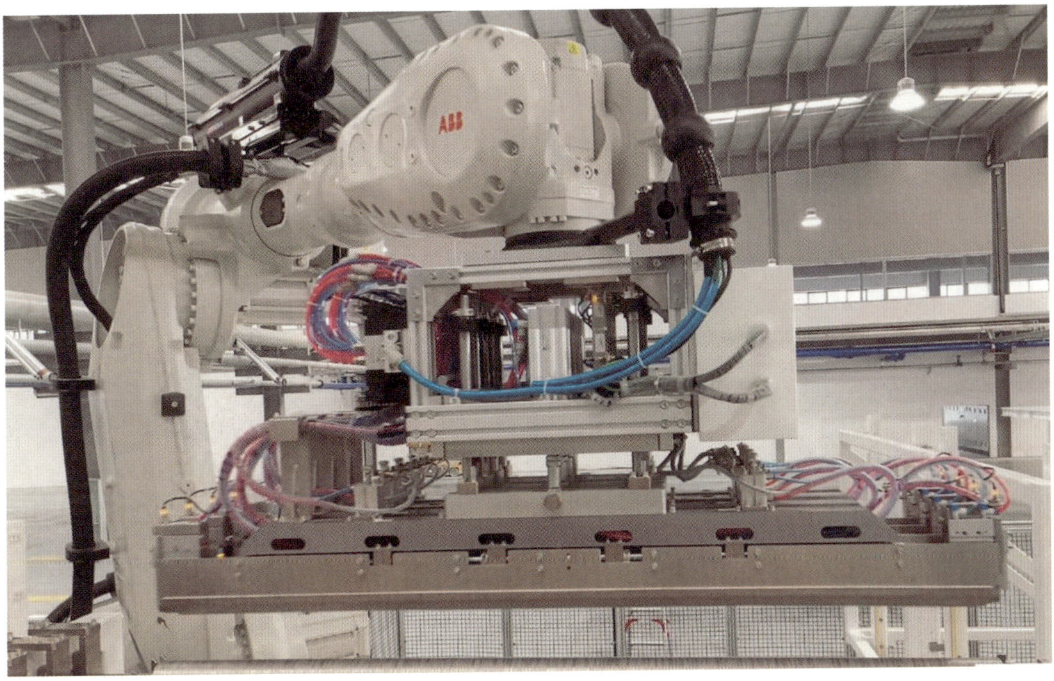

湖北保沣实业铝制易拉盖系统和卷印线应用项目生产车间

湖北好莱客创意家居有限公司智能无人柜体主线车间

湖北双环公司厂区

云图控股应城市新都化工公司

应城盐化产业园

华能应城热电有限公司

湖北中一科技股份有限公司铜箔生产车间

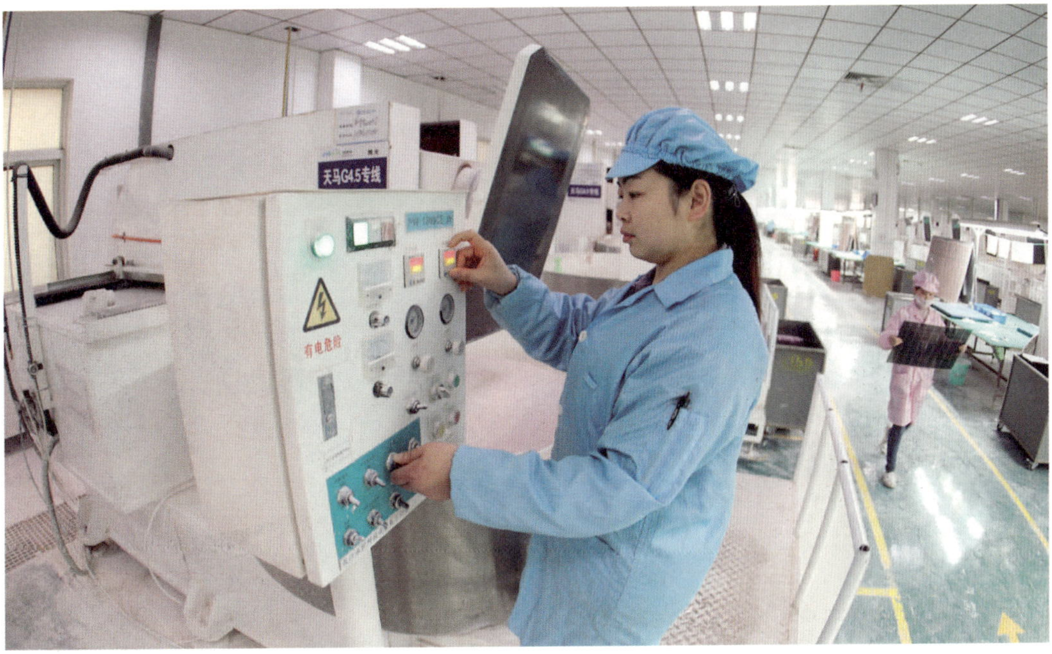

湖北优尼科光电技术股份有限公司生产车间

湖北峰发玻璃有限公司生产车间

华盛祥和新能源材料项目

安陆“小巨人”企业金禄科技

安陆华美智造产业新城

湖北爱仕达公司

大悟县湖北红翼农林科技发展有限公司智能化生产线

湖北丹富仕饲料有限公司自动化生产车间

湖北利之达电子科技有限公司生产车间

湖北交投产业园

楚能新能源（孝感）锂电池产业园项目一期厂房

楚能新能源（孝感）生产线上机械手精准作业

宜游之城

孝感以孝命名、以孝传名，是中国优秀旅游城市。这里历史悠久，地灵人杰。楚王城、门板湾、叶家庙等楚文化遗存绚丽缤纷，睡虎地出土了中国“第一封家书”；红色沃土走出50位开国将军，“中原突围”拉开了解放战争的序幕。这里人文厚重，情谊绵长。重孝德，董永行孝感天、孟宗哭竹生笋感地、黄香扇枕温衾感人；有诗意，李白“酒隐安陆，蹉跎十年”；有爱情，天仙配的浪漫故事穿越时空。这里山水旖旎，四季宜游。春赏花，金卉郁金香花开成海，卓尔桃林风卷成画；夏消暑，双峰山、白兆山、悟峰山奇峰竞秀，观音湖、天紫湖、汈汊湖碧波涌翠；秋观叶，赏千年钱冲银杏，看万亩北山红叶；冬养生，汤池“玉女温泉甲天下”，金岭“聚宝盆里寻乡愁”。说不尽的孝感好风光，道不尽的孝感好人情。

繁花似锦金卉庄园

城市之肺朱湖湿地公园

冬日朱湖

群鸟飞越东西汉湖

反嘴鹬群游汈汊湖

荧光倒映天屿湖

白云碧水天屿湖

“子午小镇”汉川沉湖

白鹭秋舞老观湖

应城人民公园

湖区里的宜居村

绿意盎然新河公园

爱漫文旅小镇

汤池温泉

应城天鹅西湖村

云梦沙河“伍湖四海”生态园

云梦万亩油菜花海

云梦沙河伍湖村

安陆伍欣甸园

诗仙谪居白兆山

盛世闻樱花烂漫

安陆王义贞唐僧村

安陆烟店尖山村

安陆钱冲古银杏

李白故里白兆山

大悟山村

大悟金岭美如画

十八潭溪流瀑布

山水画卷观音湖

万亩樱花竞绽放

大悟新城红畈村

山绿民富兴乡村

美丽田堂村

山清水秀双峰山

双峰山游客接待中心

野趣横生“房车梦”

双峰山露营地

四好农村路——孝昌小观线

全国美丽乡村路——孝昌双观线

美丽乡村沐春风

乡村美景入画来

数说30年

30TH ANNIVERSARY
OF
XIAOGAN

数字是枯燥乏味的，但数字同时也是有生命的，尤其是数字背后折射的，是孝感干部、群众 30 年坚持不懈的拼搏和付出的心血汗水和取得的丰硕成果，见证了孝感 30 年来走过的坎坷和光辉历程。

建市 30 年来，在党中央、国务院，湖北省委、省政府的坚强领导和亲切关怀下，孝感历届市委、市政府团结带领全市人民，解放思想，艰苦创业，攻坚克难，奋力赶超，干成了一件又一件大事，实现了一个又一个梦想，使孝感经济社会发生了翻天覆地的变化，逐步实现了从农业向工业化中后期、从计划经济体制向市场经济体制的转变，国民经济和社会发展取得了令人瞩目的成就。

翻开孝感的成绩簿，干部奋发作为、经济稳中有进、社会和谐稳定、人民安居乐业，澴川大地处处呈现出人心思进、比学赶超、加快发展的动人场景。产业转型升级取得突破性进展、城乡面貌实现美丽“蝶变”、改革开放迈出坚实步伐、生态环境质量大幅提升、人民群众获得感显著增强、政治生态更加风清气正。

综合实力显著增强

GDP 年均增长 11.8%

建市 30 年来，孝感经济的快速增长使经济总量呈现加速扩张态势。地区生产总值由 1993 年的 75.24 亿元迅速跃升至 2022 年的 2776.97 亿元，按可比价格计算，GDP 年均增长 11.8%。

图 1 1993—2022 年孝感市地区生产总值总量及增速

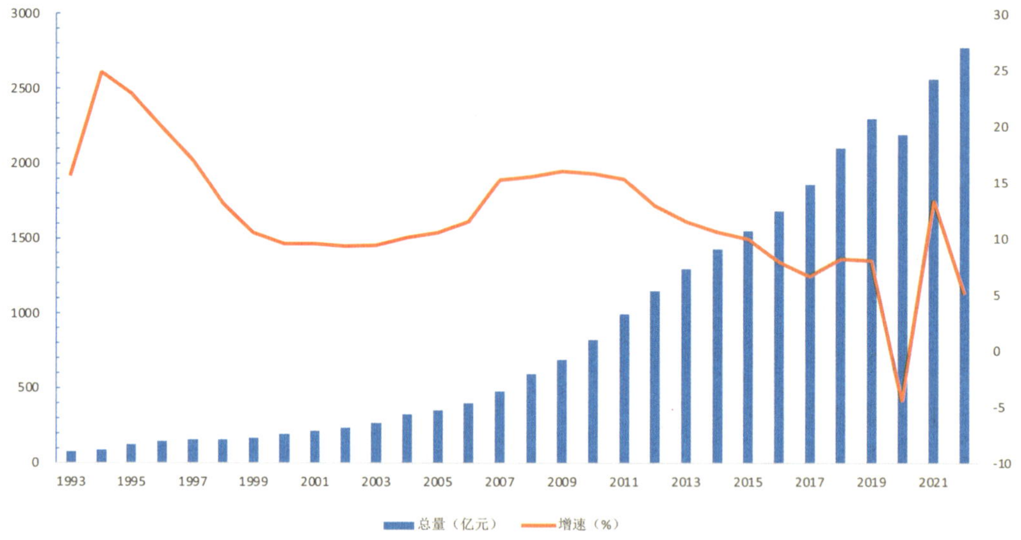

经济总量迈上新台阶。1997 年孝感 GDP 总量达到 155.84 亿元，比 1993 年的 75.24 亿元翻了一番；2004 年达到 322.71 亿元，比 1993 年翻了两番。经济总量不断跨越百亿元、千亿元大关。1995 年 GDP 总量 125.19 亿元，从十亿元上升到百亿元；2012 年 GDP 总量 1105.16 亿元，从百亿元上升到千亿元；2018 年 GDP 总量 2103.73 亿元，突破两千亿元。从 2010 年开始连续十年，GDP 总量每年上升百亿元以上，其中，2018 年同比增加了 239.76 亿元，孝感经济总量在全省各市州中一直居前六位。2022 年孝感占全省经济总量的份额为

图 2 1993—2022 年孝感市人均地区生产总值（元）

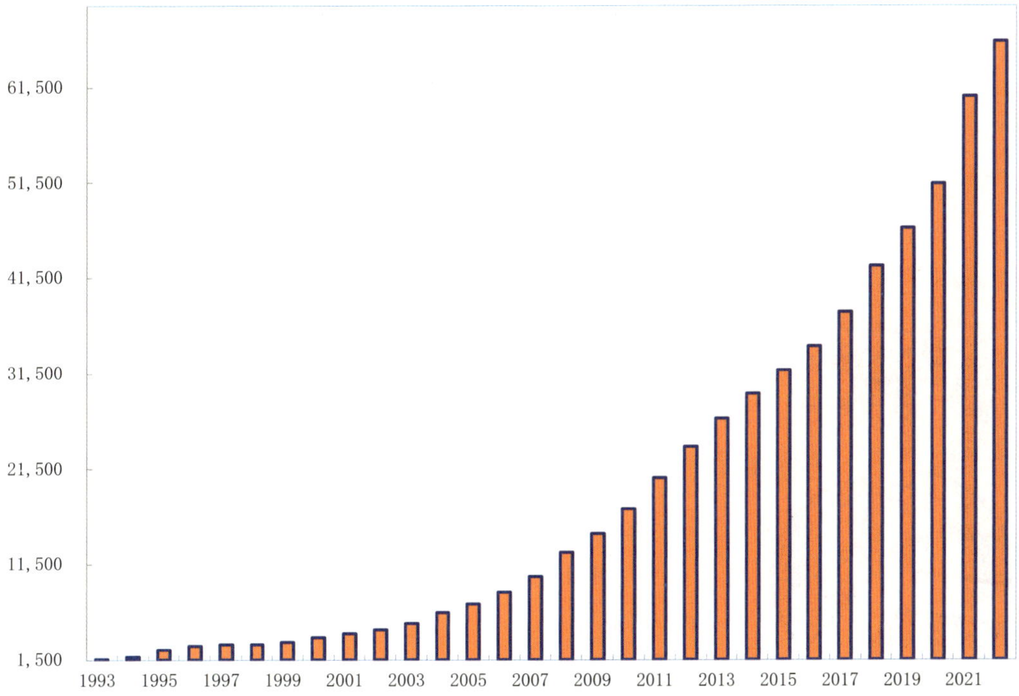

5.12 %。2022 年全市人均 GDP 总量为 66299 元，是 1993 年的 41 倍，占全省人均 GDP 总量的 71.9%，比 2012 年占比高 10.2 个百分点。

财政实力明显提升。2022 年全市实现财政总收入 227.37 亿元，增速位居全省第五位；地方一般公共预算收入 137.21 亿元，可比增长 11.3%，增速高于全省平均增速 2.8 个百分点。

三次产业更趋协调

从“一二三”转变为“三二一”

建市 30 年以来，孝感产业结构从“一二三”转变为“三二一”。全市三次产业比例由 1993 年的 38.1:34.5:27.4 调整为 2022 年的 14.3:41.5:44.2。

图 3 1993 年三次产业结构（%）

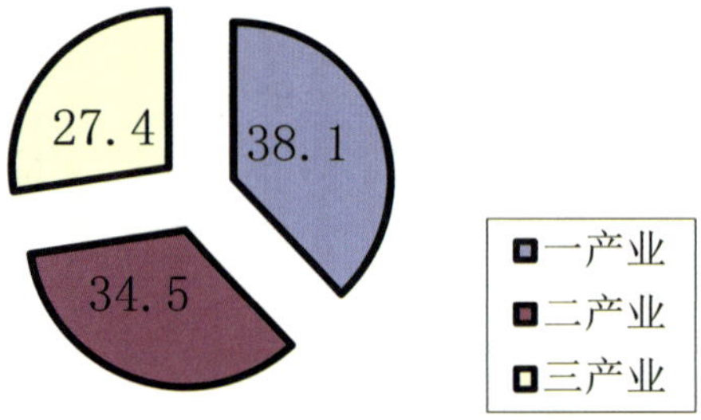

图 4 2022 年三次产业结构（%）

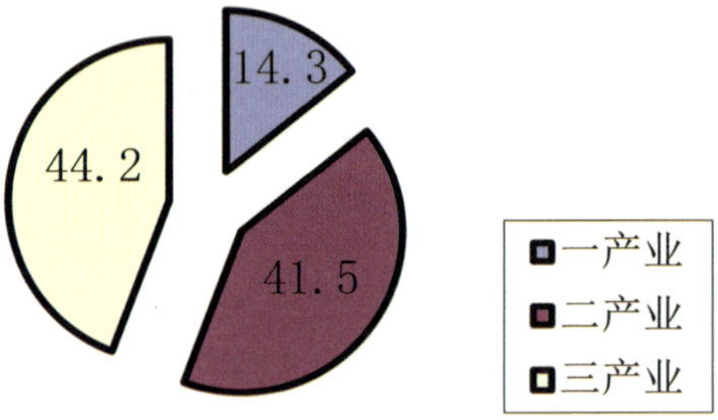

农业综合生产能力提升。全市经济作物、油料、蔬菜等特色产业持续壮大，2022 年全市粮食产量、油菜籽总产量、蔬菜及食用菌产量，相对 2012 年分别年均增长 23.8%、1.0%、1.0%。大力推进农产品规模化、标准化、绿色化生产，培育地方主导产业，提高农产品的附加值。2022 年农、林、牧、渔及辅助性活动占农林牧渔总产值比重分别为 41.7%、3.5%、27.3%、18.6% 和 8.9%。相比 2012 年，从调整结构看，种植业、畜牧业比重分别下降了 1.9、10.1 个百分点，林业、渔业、农林牧渔服务业比重分别上升 1.0、3.8、7.2 个百分点，五大行业内部结构处于优化之中。

图 5 1993—2022 年农林牧渔业总产值

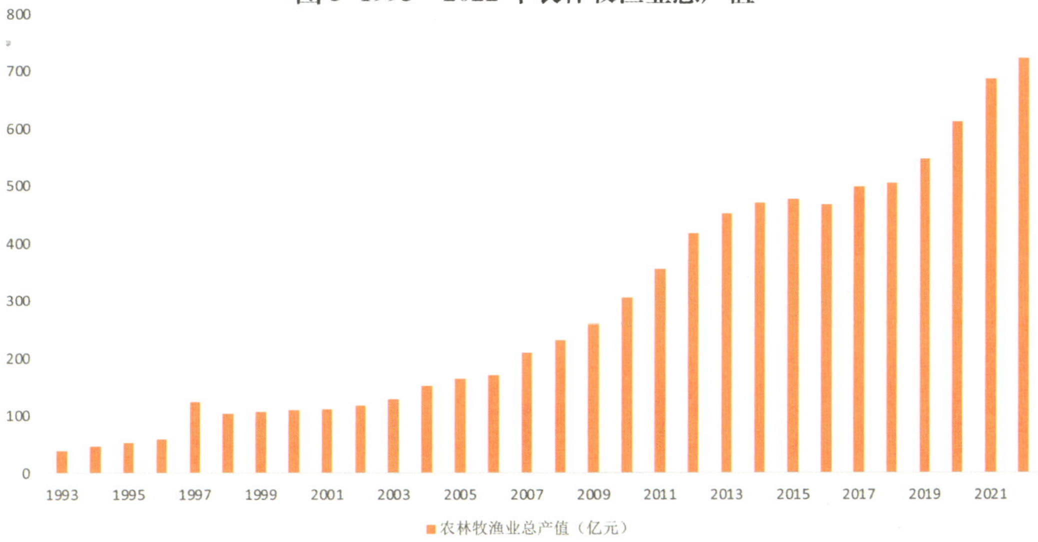

工业经济实现跨越发展。经过 30 年的发展，孝感工业成功实现了由小到大、由弱到强的历史大跨越，使孝感由一个贫穷落后的农业大市成长为工业大市。规模以上工业增加值年均增长 15.8%。2012 年以来，工业经济由高速增长转向以质量为先的中高速增长，规模以上工业增加值年均增长 9.0%，较全省平均水平高 1.4 个百分点。2022 年，规上工业企业 1292 家，其中：产值过 50 亿元的企业有 4 家，过 10 亿元的企业有 92 家。大中型企业 141 家，小微型工业企业达到 1151 家，比 2011 年末净增加 444 家，增长了 62.8%。工业结构持续优化，建市以来，孝感大力实施“工业强市”战略，随着房地产和汽车市场的快速发展，轻重工业总产值比例由 1993 年的 57.0:43.0 发展到 2022 年的 55.5:44.5。重工业占比提高 1.5 个百分点。

服务业发展提速增效。1993—2022 年，全市第三产业（服务业）增加值由 20.64 亿元扩大到 1227.16 亿元，按不变价格计算，年均增长 14.1%，比地区生产总值（GDP）年均增速高出 2.3 个百分点。2001 年以前，全市 GDP 产业结构为“一二三”，2002 年第二、三产业超过第一产业，产业结构变为“二三一”。

图 6 1993—2022 年规模以上工业增加值增速（%）

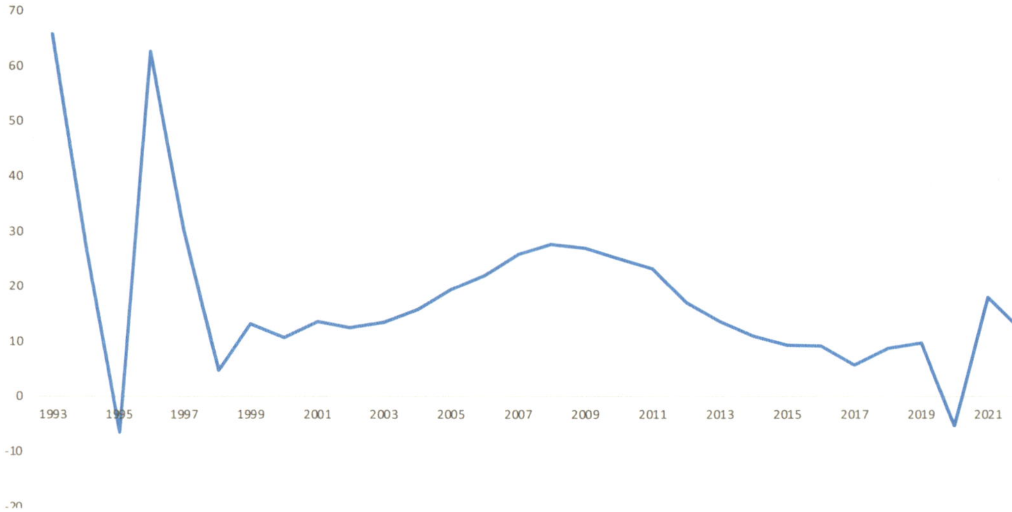

2018 年全市三次产业结构为 13.7:42.7:43.6，实现了由“二三一”向“三二一”的历史性转变。2022 年，全市第三产业增加值占 GDP 比重达到 44.2%，比第一产业、第二产业分别高 29.9 和 2.7 个百分点。2018 年以来，全市限上贸易单位个数基本保持稳定，总数在 1000 家上下波动，位居全省前 6。全市规上服务业企业个数于 2019 年突破 100 家，2022 年突破 300 家；规上服务业企业于 2019 年前的第 13 位跃居第 8 位后，一直较为稳定。

投资规模较快增长

累计完成投资 1.73 万亿元

建市以来，孝感市委、市政府高度重视固定资产投资工作，采取了一系列关于固定资产投资的决策措施，使得投资保持平稳增长，投资结构持续改善，投资质量不断提高。建市 30 年来累计完成投资 1.73 万亿元，1993 至 2022 年固定资产投资年均增长 19.9%。从近五年情况来看，2017 至 2022 年均增长 7.9%，居全省第 6 位，高于全省平均水平 1.2 个百分点。投资主体日趋多元化。1993 年建市以来，市委、市政府紧紧围绕建立社会主义市场经济体制，积极引导、鼓励社会各方投资，国有、集体、股份制、私营、外资等多种所有制投资“百花齐放”的格局逐步形成。2017 年国有经济和集体经济投资占 25.2%，股份制经济投资占 30.1%，私营个体经济投资占 41.8%，外商及港澳台投资占 1.1%。2005 年至 2017 年，全市国有经济投资年均增长 22.7%，非国有制经济投资年均增长 28.5%。随着非公有制经济的发展壮大，民间投资快速增长，2022 年民间投资占比达 69.9%，成为拉动投资增长的主要力量。

图 7 1993—2022 年固定资产投资增速和建筑业增速

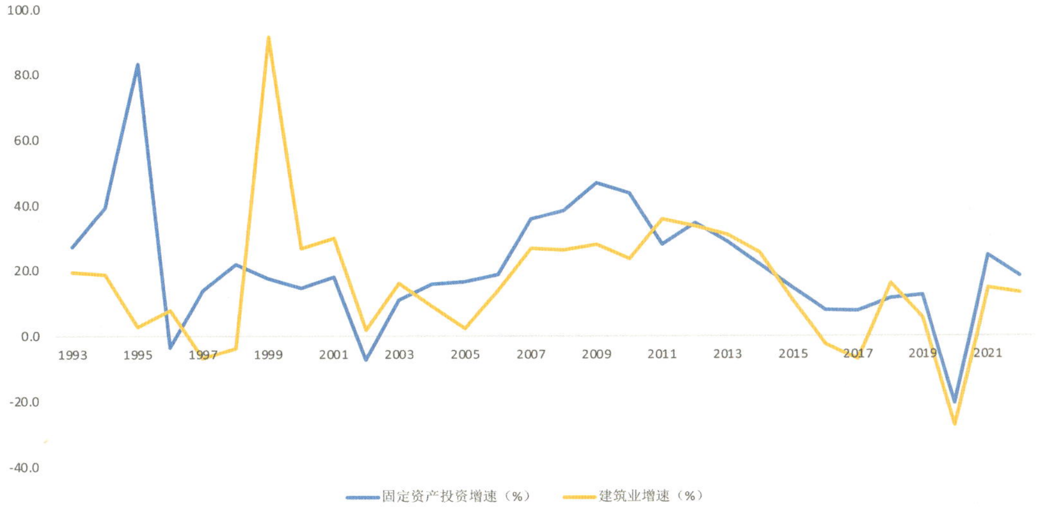

建筑产业持续发展。自 1993 年建市以来，全市建筑业得到了持续快速的发展，建筑业在国民经济中的地位不断加强，对国民经济的拉动作用更加显著。1992 年建市前，全市建筑业企业完成总产值 7.98 亿元；2009 年完成总产值 107.48 亿元，突破百亿元大关；2022 年，全市建筑业完成总产值 453.06 亿元，约是 1992 年 57 倍，年均增长 14.4%。随着国民经济的发展，建筑业企业数量稳步增加。2022 年，具有建筑业企业资质的总承包和专业承包建筑业企业达到 317 家。本地成长了一批如全洲扬子江、洲天、远大、祥旭、楚雄等纳税百强企业，创税能力显著增强。

城市扩容提质见成效。2022 年，全市市区建成区面积 72 平方千米，比 1993 年扩大 55 平方千米，城区人均公园绿地面积达到 13 平方米，城区公园布局更加合理。

消费市场持续扩大

社零总额达 1241.05 亿元

孝感建市 30 年来，全市消费市场发生显著变化，市场化改革成效显著，市场在资源配置中的决定性作用逐步凸显。消费市场规模持续扩大，消费能力进一步增强，消费结构不断升级，消费品质提档升级，城乡消费市场协同发展，消费成为经济增长的重要驱动力。

社会消费品零售总额由 1993 年的 31.47 亿元增加到 2022 年的 1241.05 亿元，年均增长 13.5%。批零住餐业增加值从 1993 年的 5.13 亿元增加到 2022 年的 226.46 亿元，按可比价格计算，年均增长 14.3%，增加值占全市生产总值的比重在 2022 年达到 8.2%，比 1993 年提高 1.2 个百分点。对外贸易规模不断扩大，2022 年全市外贸进出口总额 173.8 亿元，高于全省平均水平 13.8 个百分点。其中，出口总额 148.5 亿元，增长 29.1%，进口总额 25.3 亿元，增长 26.5%。外商直接投资（FDI）16359 万美元，总量位居全省第二位。

消费支出逐年增长。城镇居民人均消费支出由 2012 年的 11554 元提升到 2021 年的 28395 元，年均增长 10.5%；农村居民人均消费支出由 2012 年的 5142 元提升到 2021 年的 15602 元，年均增长 13.1%。

城乡消费市场协同发展。随着改革开放以来全市城镇化进程不断推进和 2022 年城镇化率提高至 61.9%，城乡消费市场均保持良好发展势头。一方面，2022 年全市城镇消费品零售额达 943.82 亿元，是 2010 年的 2.78 倍，年均增长 8.9%，占社会消费品零售总额的比重由 2010 年的 82.5% 下降至 2022 年的 76.0%。另一方面，2022 年全市乡村消费品零售额达 297.23 亿元，是 2010 年的 4.12 倍，年均增长 12.5%，增速比城镇消费品零售额高 3.6 个百分点，占社会消费品零售总额的比重由 2010 年的 17.5% 提高至 2022 年的 24.0%。

图 8 1993—2022 年社会消费品零售额总量和增速

民生福祉大幅提升

职工年均工资增长 25 倍

孝感建市 30 年来，市委、市政府把保障和改善民生作为一切工作的出发点和落脚点，突出解决好关系人民群众切身利益的问题，人民群众获得感和幸福感明显增强。城镇化水平稳步提升，就业规模不断扩大，职工收入大幅提升。

图 9 2000—2022 年孝感市城镇人口及城镇化率

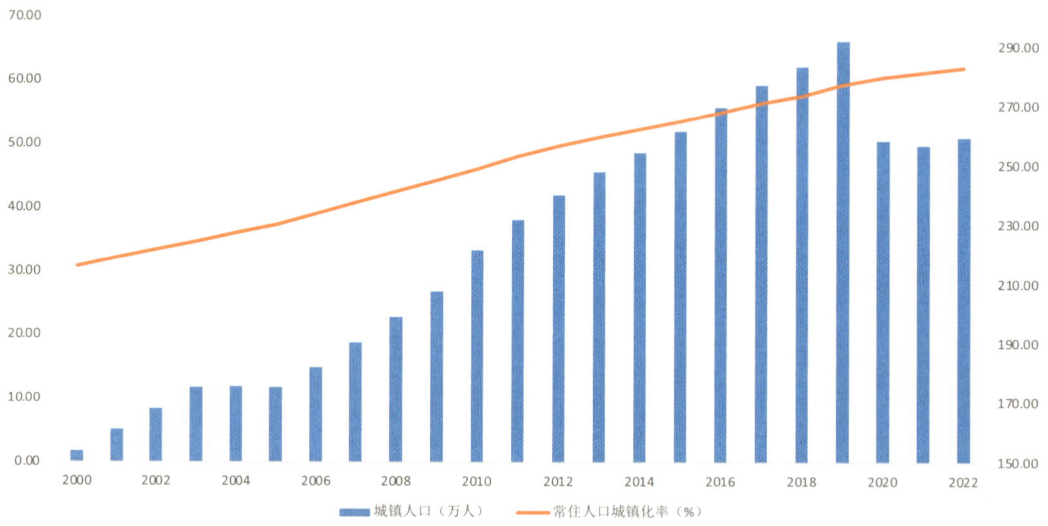

城镇化水平显著提升。30 年来，随着城镇布局结构不断优化，城乡区域协调发展扎实推进，城镇综合承载能力不断增强，有力促进了人口加快向城市聚集，全市城镇化水平持续提升。2022 年末，全市城镇常住人口达到 259.23 万人，比 2000 年有历史记录以来增加 105.7 万人；乡村常住人口为 159.39 万人，比 2000 年有历史记录以来减少 186.38 万人。常住人口城镇化率为 61.93%，比 2000 年末提高 31.18 个百分点，城镇化水平显著提升。

图 10 1993—2021 年在岗职工平均工资与地区生产总值

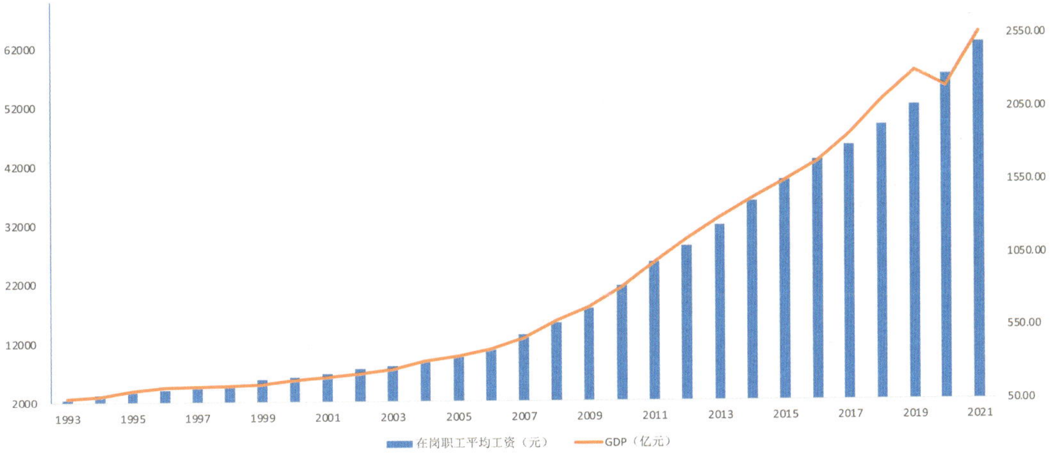

劳动就业规模平稳扩大。在党的正确方针政策指引下，全市国民经济保持了持续较快发展，带动了就业人数的增加。2021 年末，全市城镇非私营单位在岗职工（以下简称“城镇职工”）为 84.64 万人，比 1993 年增加 46.98 万人，年均增长 2.9%；城镇在岗职工年平均工资（以下简称“工资”）为 62473 元，与 1993 年的 2445 元相比，年均增长 12.3%，职工平均工资与经济增长同步提高。

城乡居民收入不断增加。2022 年，全市城镇常住居民人均可支配收入 41596 元，同比增长 6.9%；农村常住居民人均可支配收入 20913 元，同比增长 8.1%。

社会保障水平不断提高。2022 年末，全市参加城镇职工基本养老保险 92.97 万人，参加城乡居民养老保险 265.99 万人，参加职工基本医疗保险 43.88 万人，参加城乡居民基本医疗保险 383.55 万人，参加工伤保险 35.09 万人，参加生育保险 28.36 万人，参加失业保险 26.28 万人。全市城镇居民最低生活保障对象 2.59 万人，农村居民最低生活保障人数 13.87 万人。国家抚恤、补助各类优抚对象 4.2 万人，年末全市养老机构 143 家（不含军休所），城乡社区养老服务设施覆盖率分别达到 94.3% 和 83.3%。

科技创新取得新突破

全市企业实现高新产业增加值 491.6 亿元

30 年来，全市坚持创新驱动发展战略，着力推进创新主体培育、创新载体建设，推动高新技术领域科技创新和高新技术产业发展，统计调查数据显示：全市高新技术产业呈现市场主体稳步增加，企业效益稳中向好的发展势头，高新技术产业已成为推动全市未来经济增长的重要力量和主要动力（注：高新技术产业报表取自 2002—2022 年数据）。

图 11 2002—2022 年孝感市高新增加值（亿元）

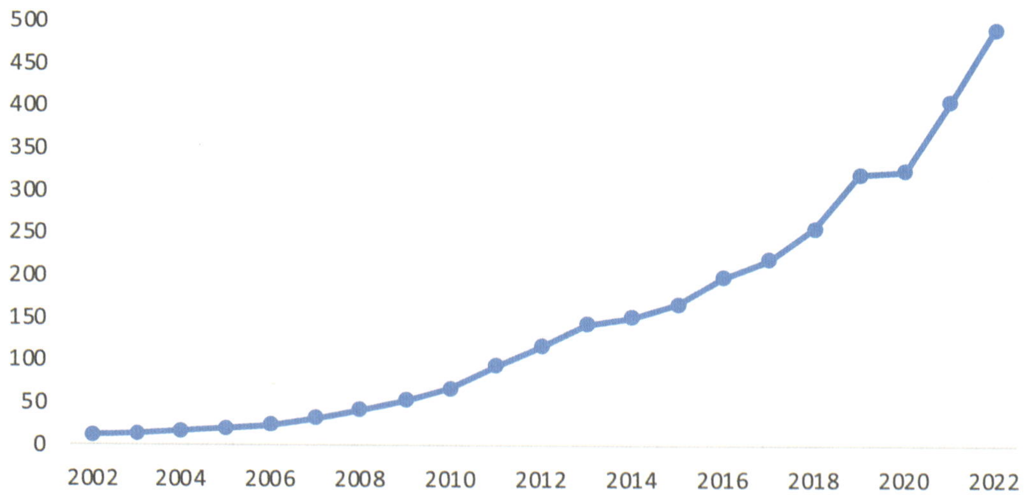

自主创新能力不断提升。截至 2022 年，全市实现高新产业增加值 491.6 亿元，同 2002 年相比增加 479.36 亿元，年均增长 20.28%，2022 年高新产业增加值总量位居全省第 5 位。2022 年，全市高新产业增加值占 GDP 的比重为 17.7%，与 2002 年相比，提高 12.53 个百分点，2022 年占比位居全省第 8 位。

图 12 2002—2021 年 R&D 经费投入（亿元）

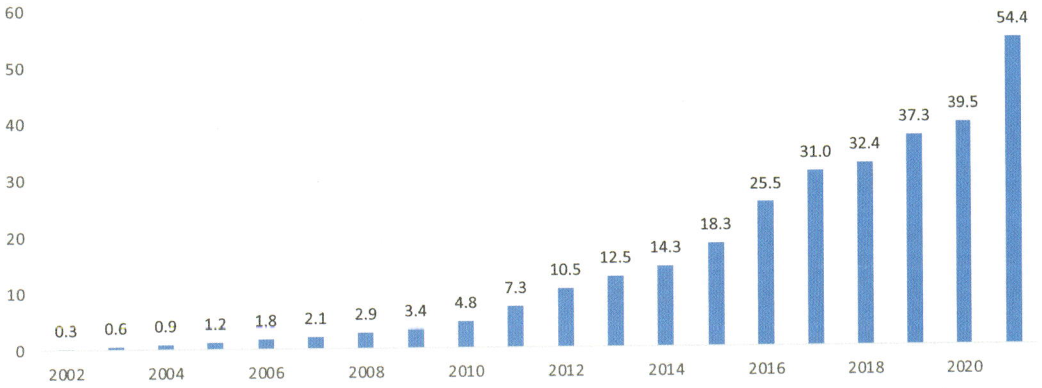

研发投入强度稳步提高。2021 年孝感市全社会 R&D（研究与试验发展）经费投入总量为 54.39 亿元，R&D 投入强度达到 2.12%，双双居全省第 4 位，投入强度提高幅度分别快于全国、全省 0.31、0.15 个百分点。2002 年，孝感市 R&D 经费投入总量为 0.3 亿元，截至 2021 年，提升到 54.4 亿元，年均增长 31.5%，研发投入增长强劲。2002 年，孝感市 R&D 经费投入总量占 GDP 的比重为 0.1%，截至 2021 年，占比提升到 2.12%。2021 年，全市列入研发统计的规模以上工业企业 1238 家，其中开展研发活动的企业有 589 家，比 2012 年增加 516 家。有研发活动的企业在全部规上工业企业中的占比持续提升，从 2012 年的 7.1% 提升到 2021 年的 47.6%。其中，大型企业和中型企业开展研发活动的比重分别为 81.8% 和 74.8%，分别比 2012 年提高 29.9 和 67.6 个百分点；小微型企业开展研发活动的比重为 43.7%，比 2012 年提高 41.7 个百分点。

教育事业蓬勃发展。2022 年，全市共有幼儿园 713 所，在园幼儿 11.82 万人；普通小学 438 所，招生 4.43 万人，在校生 28.02 万人，毕业生 4.68 万人；初中招生 4.59 万人，在校生 13.69 万人，毕业生 4.05 万人；普通高中招生 2.59 万人，在校生 7.34 万人，毕业生 2.19 万人；中等职业教育招生 1.01 万人，在校生 3.04 万人，毕业生 0.94 万人。九年义务教育巩固率为 99.2%，高中阶段毛入学率为 98.3%。

节能降耗成效巨大

单位 GDP 能耗年均下降 4.3%

孝感市建立初期，全市能源生产水平低，供求关系紧张，存在严重的结构性问题。30 年后的今天，随着全市经济的快速发展，全市能源事业取得新进展，能源结构显著优化，节能降耗成效巨大。

能源生产由传统能源加速向新能源转变。发电量 2013 年仅为 72.54 亿千瓦小时，2021 年达到 206.13 亿千瓦小时，年均增长 13.9%。其中风力发电量 2013 年仅为 7.72 亿千瓦小时，2021 年达到 14.85 亿千瓦小时，年均增长 8.5%。

用能条件和水平不断改善。2013 年，全市规上工业企业能源消费总量仅为 519.48 万吨标准煤，2021 年达到 666.44 万吨标准煤，年均增长 3.2%。2013—2021 年规上工业企业中：原煤消费年均增长 2.8%，电力消费年均增长 3.5%。

清洁低碳化进程不断加快。原煤占全市规上工业企业能源消费总量比重始终保持第一，但总体在波动中呈现下降趋势，由 2013 年的 62.98% 下降到 2021 年的 58.50%；石油占比由 2013 年的 0.5% 提高到 2021 年的 0.6%；天然气占比由 2013 年的 1.5% 提高到 2021 年的 2.2%；电力占比由 2013 年的 17.02% 提高到 2021 年的 18.22%。

单位 GDP 能耗不断下降。“十一五”以来，全市单位 GDP 能耗整体呈现下降态势，2006—2021 年累计降低 50.7%，年均下降 4.3%，节能降耗取得巨大成效。“十三五”单位 GDP 能耗下降完成省定目标。从单位 GDP 能耗指标值来看，每万元所消耗的吨标准煤基本呈现稳步下降态势。

生态环境持续改善

地表水国控断面水质优良率 100%

孝感市牢固树立绿水青山就是金山银山的理念，坚定践行习近平生态文明思想，狠抓生态环境质量改善，以生态创建为抓手，以大气、水、土壤治理为重点，坚决打好污染防治攻坚战，生态环境保护取得明显成效。

2022 年孝感市污染防治攻坚成效考核获评优秀等次，是历年来取得的最好成绩。2022 年度全市“空气质量改善情况”“水环境质量达标率”排名全省第一，水生态环境保护工作做法列入 2022 年度生态环境领域真抓实干成效明显地方典型经验做法，被生态环境部通报表扬（全国 31 个，全省唯一）。2021 年 8 月份孝感市空气质量综合排名进入全国二十强。

环境质量显著改善。全市整体环境质量呈明显好转趋势，2022 年全市 $PM_{2.5}$ 平均浓度 41 μg/m^3，较 2015 年下降 39.7%；空气优良天数比例为 80. 8%，

图 13　孝感市空气质量折线图

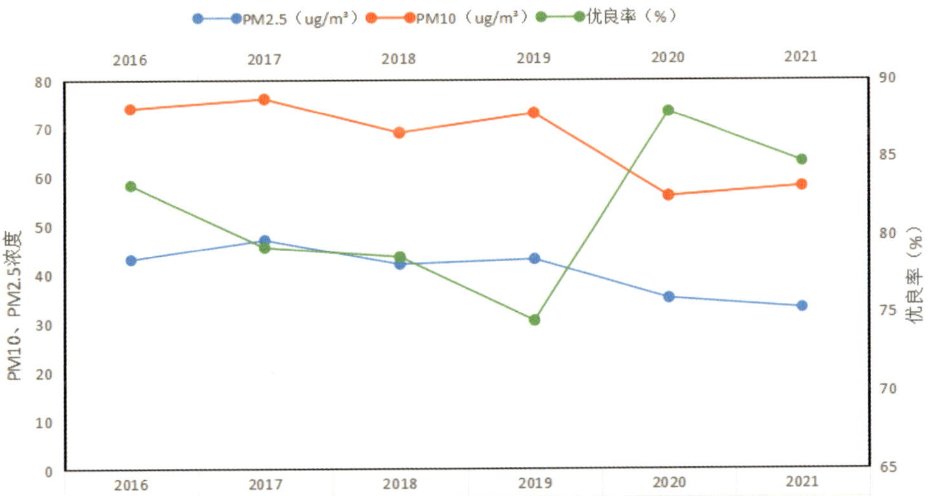

	2016	2017	2018	2019	2020	2021
PM2.5（ug/m³）	43	47	42	43	35	33
PM10（ug/m³）	74	76	69	73	56	58
优良率（%）	83.2	79.2	78.6	74.5	87.9	84.7

图 14　孝感市水环境质量折线图

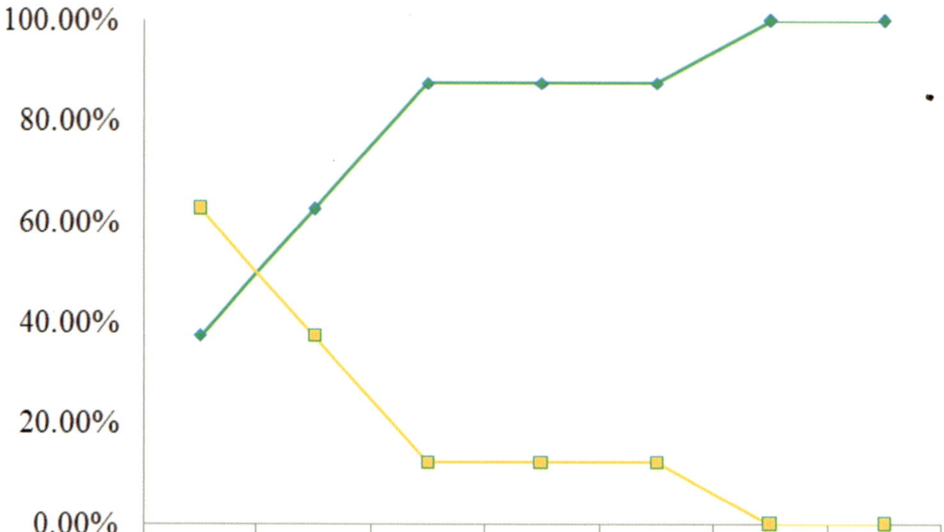

	2016	2017	2018	2019	2020	2021	2022
Ⅰ～Ⅲ类比例	37.50%	62.50%	87.50%	87.50%	87.50%	100%	100%
Ⅳ～Ⅴ类比例	62.50%	37.50%	12.50%	12.50%	12.50%	0%	0%

优良比例较 2015 年提升 32.3%。全市 13 个国控断面水质优良比例达 100%，断面优良率较 2016 年提升 62.5%。化学需氧量、氨氮、氮氧化物、挥发性有机物减排任务连年完成省定目标。全市受污染耕地安全利用率达到 90% 以上，全市污染地块安全利用率为 100%。

生态示范创建喜结硕果。印发《孝感市创建国家级生态文明建设示范市规划（2016—2025）》，统筹推进生态文明建设示范市创建工作。孝感市及下辖 7 个县（市、区）先后获得省级生态示范区命名，实现“1+7”全覆盖，生态文明示范创建挺进全省第一阵列。全市共有 63 个乡镇获得“省级生态乡镇”称号，共有 441 个村获得“省级生态村”称号。

生态文明体制改革深入推进。印发《澴河流域生态补偿方案》《府河流域生态补偿方案》，全面建立流域生态补偿机制。我市在全省范围内率先开展排污权交易试点工作，共组织 239 家企业开展排污权交易工作，调配各类污染物总量指 13307.2 吨，“孝感市环境资源要素保障与高效配置”的实践经验获省生态环境厅肯定，被《中国环境报》宣传推广。深入推进孝感市环境监测监察垂直管理改革，在孝感市环境保护局的基础上组建孝感市生态环境局，成立各县（市、区）分局和孝感市第一、第二、第三、第四环境监测站，上收至市生态环境局管理。

环保基础设施建设有重大突破。我市环境保护投入进一步加大，并逐年增长。全市共建成城市生活污水处理厂 9 座，全部完成提标改造；新改建污水处理项目 96 个，2022 年度获得省级乡镇生活污水治理以奖代补资金 5226 万元，资金总额位列全省第三。建成 27 座空气环境质量自动监测站、45 座水环境质量自动监测站。累计建成市政污水收集管网 77.7 千米、改造污水管网 113.4 千米，建成生活垃圾无害化处理设施 8 座，垃圾中转站 120 座，覆盖所有乡镇。投资 19 亿元，汈汊湖、童家湖、朱湖等 15 个湖泊退垸还湖行动恢复湖泊面积 11.88 万亩；投资 166 亿元，老澴河从昔日臭水沟变身如今的清水河；成功入选全国农村黑臭水体治理试点城市，投资 4.47 亿元，农村黑臭水体治理初见成效。

事说 30年

30TH ANNIVERSARY OF XIAOGAN

时光荏苒，岁月如梭，从 1993 年到 2023 年，30 年发展变迁，年轻的城市，在探索、徘徊、奋进中凝聚了太多的过往与回忆、光荣与梦想。

30 载春华秋实，从百业待兴的小城，到如今六县一区协同发展、各业兴旺的中等城市，伴随着改革开放的强劲春风，孝感人艰苦奋斗，一路向前，用勤劳和汗水，书写了自己的经济社会发展史。

30 年时光流转，从“撤地建市”的小城，到城区建成区面积过 72 平方千米的美丽城市，孝感人紧紧抓住城市建设快速发展的有利时机，筚路蓝缕，只争朝夕，书写了城市建设从百废待兴到化蛹成蝶的传奇篇章。

30 度风雨沧桑，从量变到质变的飞速发展，今天的孝感，一幢幢高楼拔地而起，一条条道路宽阔通畅，一个个公园草木飘香，一座座大桥连接南北，一座座村庄富裕美丽……在这里，历史与现代辉映，产业与城市共融，活力与文明彰显，城区与乡村联动，一座经济繁荣、城乡共进、生态秀美、活力开放、生活富裕的幸福之城傲然屹立，生活在这片土地上的人民创造着更加幸福的生活。

接续追梦 30 年，踔厉奋发向未来。30 年，孝感人没有辜负这伟大的时代，一路披荆斩棘，创造了前所未有的辉煌。未来，孝感人将站在新的起点上，继续追梦的脚步，向着建设“打造武汉城市圈重要节点城市”的宏伟目标努力奋进，不断开创社会主义现代化强市建设新局面。

撤地建市
——孝感行政体制的重大变革

孝感地区经过新中国成立后44年的发展，尤其是历经15年改革开放新时期的建设和发展，经济实力不断壮大，建立中等城市的条件日趋成熟。1992年，全区国民生产总值72.8亿元，比1978年增长2.8倍；工农业总产值118.7亿元，增长3.2倍；社会商品零售总额31.1亿元，增长4.3倍；财政收入4.5亿元，增长2.3倍；农村人均纯收入达到650元，增长4.4倍，城镇职工年人均工资1964元，增长2.8倍；城镇化进程不断加快，全区所辖7个县级行政区划已有4个（孝感、应城、安陆、广水）撤县建市，小城镇也由原有的241个发展到384个，分布密度高于全国平均水平。1992年10月，孝感成功举办全国第二届农运会，加快了全区基础设施建设步伐，初步建成水陆空立体交通网络，辖区内公路密度居全省之首；水电供应充足，通讯设备先进，其他各项社会事业也都有较大发展。但是，由于受到行政管理体制等因素的制约，国土总面积占全省1/4以上的鄂东北地区还没有一个中等城市作为区域中心，难以带动该地区城乡一体化经济向高层次发展。为把孝感建成鄂东北地区重要的经济支撑点，建成一个具有自己经济特色的新兴中等城市，中共孝感地委和孝感地区行署从1989年4月起，积极向省人民政府和国务院申报，请求批准撤地建市。

1993年4月10日，国务院下发《国务院关于湖北省撤销孝感地区设立孝感市（地级）的批复》（国函〔1993〕），同意撤销孝感地区和县级孝感市，设立孝感市（地级）；孝感市设立孝南区和孝昌县；孝感市辖原孝感地区的大悟县、云梦县、汉川县和新设立的孝南区、孝昌县；原孝感地区的应城市、安陆市和广水市由省直辖；孝感市人民政府驻孝南区广场街，孝南区人民政府驻书院街，孝昌县人民政府驻花园镇。1993年5月20日，根据国务院的文件精神，湖北省人民政府对孝感撤地建市的行政区划和行政管理权限发文予以进一步细化和明确，规定原孝感地区所辖的应城市、安陆市、广水市由孝感市代管；撤销牌坊乡，其行政区域并入孝昌县花园镇。

1993 年 6 月，撤销中共孝感地委、省人大常委会孝感地区联络组、孝感地区行政公署、省政协孝感地区联络组、法院、检察分院，成立中共孝感市委筹备组、孝感市人大常委会筹备组、市人民政府筹备组、市政协筹备组、法院、检察分院。10 月 23 日至 26 日，中共孝感市第一次代表大会召开，选举产生中共孝感市第一届委员会；11 月 13 日至 16 日，政协孝感市第一届委员会第一次会议召开，选举产生市政协领导班子；11 月 15 日至 18 日，孝感市第一届人民代表大会第一次会议召开，选举产生市人大常委会班子、市人民政府领导班子。至此，孝感撤地建市工作圆满结束，地级孝感市正式诞生。为了纪念孝感历史上的这一重大变革，每年 11 月 18 日被确定为孝感建市周年纪念日。

撤地建市以后，孝感的行政区划又经历了两次大的变化：1997 年 3 月，撤销汉川县，设立县级汉川市；2000 年 8 月，广水市划属新设立的地级随州市。至此，孝感的行政区划管理调整为直辖孝南区，管辖云梦、大悟、孝昌等 3 县，代管汉川、应城和安陆 3 个县级市，国土总面积为 8904.41 平方千米。

第二次创业
——孝感跨世纪的经济社会发展战略

中国共产党第十五次全国代表大会召开后，中共孝感市委、孝感市人民政府认真贯彻落实党的十五大精神，就如何加快孝感的发展进行深入的调查研究。1998年6月4日，市委举办“学习理论、振奋精神、加快发展”研讨班。8月29日，中共孝感市委一届十一次全体会议召开，通过《中共孝感市委关于开展第二次创业的决定》。

《决定》认为，党的十一届三中全会到党的十五大召开的近20年，是孝感的第一次创业阶段，孝感经济社会发展取得了巨大成就。但是，孝感还属于社会主义初级阶段低层次发展类型。“三个不够”是最大的市情，发展不够是最大的实际。要赶上并超过经济发达地区，需要一个长时期的发展过程。市委决定动员和组织全市广大人民抢抓机遇，奋力拼搏，全面开展第二次创业，把一个蒸蒸日上的孝感带入21世纪。

《决定》指出，第二次创业是孝感跨世纪的经济社会发展战略，是一个相当长的历史发展阶段。推进第二次创业，在总体思路上，以加快发展为核心，以增强区域经济竞争力为主题，以发展城市经济、完善城市功能为重点，以发展民营经济为主体和突破口，坚持改革开放，推进经济结构战略性调整，全面争创机制优势、产业优势、科技优势和环境优势。实现第二次创业的战略目标，重点是打好基础的前5年。在这一阶段中，要努力实现以下目标：一是国内生产总值、财政收入、固定资产投资的平均增幅高于改革开放以来的平均增幅，社会经济发展的主要指标在全省居于靠前的位次；二是产业协调发展，在国民经济中的比重顺序由“二一三”转变为“二三一”，支柱产业的支撑作用进一步加强；三是在整体搞活公有制经济的基础上，实现非公有制经济在国民经济中占大头；四是市区龙头的实力显著增强，全市初步形成“一乡一品、一县一业”的区域经济特色；五是经济、政治、文化协调发展，建设适应社会主义市场经济体制要求的宏观调控体制和微观运行机制，建成人民生活比较富裕、经济比较发达的中等城市。

第二次创业的发展战略自 1998 年 8 月制定并实施以后，在党中央和中共湖北省委的领导下，全市各级党委、政府和广大干部群众，克难奋进，奋力拼搏，取得了明显成效。2000 年三次产业在国民经济中的比例提前实现第二次创业前五年的三次产业协调发展的奋斗目标；非公有制经济国内生产总值、工业总产值、税收和社会消费品零售额分别占全市的 54.2%、53%、54% 和 84.5%，提前实现“三年调头”的奋斗目标。

建设中华孝文化名城*

——讲好新时代孝文化的孝感故事

孝感位于鄂东北，是全国唯一以孝命名的地级市和中华孝文化的重要发源地，素有“孝子之乡”的美誉。“中华二十四孝”的故事，有董永“卖身葬父”、黄香“扇枕温衾”和孟宗“哭竹生笋”发生在此地，仅清代史志记载的孝子就有493名，孝文化在孝感源远流长。

近年来，孝感市委、市政府大力挖掘和弘扬孝文化的合理内核与时代价值，通过打造孝廉机关、孝德校园、孝亲社区、孝诚企业、孝勇军营“五孝”品牌，举办孝文化节等一系列群众喜闻乐见的活动，将孝文化建设渗透到全市各级组织社团、各类人群和社会生活的方方面面。经过12年的努力，形成了良好社风民风，实现城乡经济社会协调发展。孝感市先后涌现出“全国孝亲敬老道德模范”“中华十大孝亲敬老楷模”“全国敬老爱老助老模范人物”等国家级孝亲敬老先进典型75人；孝感市获评“中国孝文化之乡”“全国未成年人思想道德建设先进城市”“中国优秀旅游城市”“全国最具幸福感城市”“中国最具魅力节庆城市”“全国双拥模范城”等荣誉称号。

开发孝文化资源，提升城市文化软实力和经济硬实力

如果说经济是城市的血肉身躯，那么文化则是城市的精神与灵魂。文化品位决定了一个城市的内在气质和发展趋向。孝感十分注重孝文化的传承和弘扬，形成了“至诚至孝、图强图新”的城市精神和气质风貌。2006年，孝感市委、市政府确定“中华孝文化名城”的城市发展战略目标。2013年，孝感市

* 20世纪90年代以来，孝感市文化部门及大专院校加强对孝文化的研究，成立了中华孝文化研究中心、湖北孝文化研究中心（基地），挂牌孝感学院（今湖北工程学院），并成立湖北省孝文化研究会，大力开发和利用孝文化资源，继承和弘扬孝德文化，着力打造孝文化城市名片，使传统文化焕发出新的时代光彩。

委、市政府又编制了《加快建设中华孝文化名城纲要》，坚持将孝文化的传承发展与经济社会发展协同谋划推进，有效整合、挖掘、开发孝文化资源，力争到 2020 年实现中华孝文化名城战略发展目标。具体做法为：

首先，大力整合孝文化资源，以孝文化为核心，实施城市品牌战略，提升城市文化软实力。一是将孝元素等文化元素融入城乡建设规划中，投资逾百亿元建设遍及全市的具有孝文化特征的人文风景、标志性建筑以及文化、旅游、休闲基础设施。诸如，对文昌阁、叶家庙等遗迹遗址进行保护性开发，并开发出董永、黄香、孟宗等孝文化主题公园。二是做好孝文化相关的非物质文化遗产的保护和传承工作。孝感非物质文化遗产资源丰富，其中“董永传说”“云梦皮影戏”“汉川善书”等被列入国家非物质文化遗产名录，“黄香与孟宗孝行故事”入选湖北非物质文化遗产名录。据介绍，云梦皮影戏目前仍有《武松打虎》等 12 台剧目在当地茶社戏馆中常年演出，颇受百姓喜爱。三是将孝文化建设与党政机关日常工作共同规划部署和考核测评。按照 2018 年度湖北省委对孝感市政绩目标考核的要求，将“加快推进建设中华孝文化名城”分解为 6 类 42 项重点工作，落实到各基层单位，并设立了相应的跟踪管理和考核办法。四是完善相关制度机制，给予政策、资金保障，孝文化建设常抓不懈。设立孝感市本级文化产业发展专项资金，用于支持文化产业发展。开发孝文化产品，鼓励和扶持更多企业以“孝”冠名，引导支持以“孝”为核心和特色的文化产业形成集群。荣获“中华老字号”称号的孝感麻糖米酒有限责任公司是湖北省首批食文化知名企业，公司建有孝感麻糖米酒博物馆，是青少年学习孝文化、食文化的教育基地。

其次，挖掘孝文化内涵、阐释时代价值、繁荣文艺创作，为城市发展提供智力支持和精神支撑。孝感现有中华孝文化研究中心、中华孝文化研究会、黄香文化研究会等省市级孝文化研究机构 10 余家，专门从事孝文化研究的专家学者 50 余人；先后举办了“中华孝文化与中华孝文化名城建设”“孝感孝文化与未成年思想道德建设”“孝文化与旅游产业发展”等主题的国际研讨会，有效推动了中华孝文化在海内外的交流和传承发展。据悉，2018 年 11 月，孝感市将举办孝文化和中华文化自信论坛，并致力于打造孝文化论坛永久会址。注重建立激励机制，在孝文艺人才的培养、引进、管理上加大扶持力度和优惠待遇，对重点孝文艺作品予以扶持奖励。创作出一批楚剧、文学作品、歌曲、电视剧、纪录片等不同题材样式的文艺作品，其中《鲜艳的红纽带》入选中宣部

"五个一工程"奖。目前，李白、黄香、孟宗题材电视剧创作正在筹备之中。

最后，注重多维度开发、拓展孝文化内涵，发展旅游经济、养老产业、孝文化节等相关文化产品产业，并带动招商引资发展。一是以孝文化带动全域旅游，推动乡村振兴战略有效实施。一大批孝文化观光体验景区、线路与红色、乡村、农耕等旅游产品深度融合，在建文旅项目投资总额超 1000 亿元。2023 年 7 月 28 日，华强方特孝感项目在孝感市临空经济区开工，计划总投资 43 亿元，规划用地约 1135 亩，建设方特文化科技创新示范园、熊出没水上运动基地及熊出没主题酒店，打造一座文旅新城、产业新城。二是用孝文化引领养老产业发展。规划建设立足武汉、面向全国的养老基地——中华敬老园，设立孝文化工业园区，带动形成康养、用品、辅具研发制造基地。举办中国（孝感）国际老年产品博览会，建设永久性老年用品博览场馆。致力建设老龄商品集散中心，打造老龄用品"湖北义乌"。三是举办孝文化节。1996 年，孝感开全国之先河，开展"十大孝子"评选，在全国引起较大轰动，至今已连续评选九届；同时在市县乡村四级广泛开展"孝感楷模""道德模范""好媳妇""好邻居"等评选活动，在全社会营造了向善向孝的浓厚氛围。四是用孝文化推动招商引资。实施"回归创业"工程，鼓励在外成功人士回乡创业、反哺家乡，全市引进回归企业过万家，投资总额超千亿元，回归企业已成为促进经济发展的主力军。湖北之海文化艺术有限公司就是其中一例，公司是一家集设计、研发、生产、销售于一体的文化企业，2014 年从浙江义乌整体迁回孝感孝南开发区。该公司的雕花剪纸画、玉雕画和汉之绣等艺术装饰品远销并驰名海内外。此外，实施孝文化项目招商，将孝文化产业招商纳入"两资一促"和"五化管理"，制定《老龄产业招商引资专项政策》，推动老龄产业发展成为支柱性产业。

推进"五孝"建设，探索弘扬中华优秀孝文化实现路径

孝感市将孝文化建设与党风廉政建设、基层治理和城乡建设相结合，注重区分不同群体、分类施策，打造出孝廉机关、孝德校园、孝亲社区、孝诚企业、孝勇军营"五孝"品牌，着力推动孝文化建设落细落地落实。

一是融入党风廉政建设。廉政是孝敬理念在公权关系中的具体体现。孝感市党政机关广泛开展孝廉机关创建、寻找"最美孝廉干部"和"干部带头、孝敬父母"活动，持续举办孝廉文化大讲堂，把孝廉文化纳入党校课程、理论考试、入职培训、网上课堂、知识测试内容，明确将孝老爱亲作为干部选拔任用

考察内容。以孝感税务系统为例，作为湖北省和孝感市廉政文化进机关示范点，孝感税务秉持“国之血脉，取之于民，造福于民”的价值理念，致力于为纳税人提供匠心、精心、暖心、贴心、细心的服务，全面提升纳税者的服务体验，先后荣获全国性表彰 21 项（次），省级表彰 216 项（次）。

二是融入校园道德建设。以孝德校园建设为抓手，在全市中小学（幼儿园）广泛开展“朝读经典”“起点阅读”活动，编印出版思想品德教育《中华孝文化读本》，坚持开展“日行一孝”“孝行月”等主题实践活动，持续 12 年评选表彰“孝亲敬老小天使”。以“孝德校园、尚法明礼”为主题，评选表彰 31 所市级“孝德校园”。建设“孝德 +N”品牌，将孝德“小课堂”链接社会“大课堂”，组织师生走进中华优秀传统文化、红色文化、社会主义先进文化专题实践教学基地，上好社会实践“孝德”课程，把传统美德和当代价值观融合贯通，引导学生从日常做起、从小事做起，争做新时代“知孝、行孝、扬孝、向善、向上”的青少年。

三是融入基层社会治理。以孝亲社区建设为抓手，倡导“我为人人、人人为我”的风尚，推进以党员群众服务中心为核心，集医务室、幼儿园、日间照料中心、农资生活超市、文化活动中心、文体活动广场等于一体的“1+X”服务平台体系建设。此外，在村（社区）设立邻里守望中心、居家养老中心、四点半学校，全市共有注册志愿组织 1700 多个、志愿者 13 万多人。其中“全国孝亲敬老楷模”谭之平发起的“武汉城市圈志愿者联盟”3 万余名志愿者长期在武汉周边开展孝亲敬老服务；市供电公司“孝心服务队”33 年如一日活跃在孝感城乡，温暖人心。近年来，孝感市基层社会治理水平明显提升，所辖 7 个县（市、区）被评为“湖北省平安县市”、连续五次被省政府授予“金融信用县市区”称号。

四是融入企业诚信建设。在企业职工中深入开展培育和践行孝诚活动，抓住质量诚信、价格诚信、履约诚信、服务诚信等关键环节，把孝诚文化融入企业生产经营管理，融入企业各项规章制度、服务标准、工作流程之中。开展孝诚企业创建活动，建立企业信用和产品质量红黑榜，倡导设立职工“孝养”基金，实施“一村一企”扶贫工程。湖北和天下东山资源循环利用投资有限公司，自觉把传承中华孝文化同建设企业文化有机融合，创新提出“孝诚倡议书”，开展全员“善孝”道德实践活动；设立孝心基金，用于奖励有善行孝行的企业员工。公司孝心志愿服务队连续 8 年为孤寡老人献爱心、尽孝道、开展孝心服务。

五是融入双拥创建。广泛开展孝勇军营创建、“好军嫂”评选表彰、孝文化进军营、大中学生进军营、军地青年联谊等系列活动，打造双拥创建品牌，荣获全国双拥模范城“七连冠”。

此外，以孝文化推进精神文明创建工作，使孝文化深度融入百姓生活。在全市社区（村）大力开展墙面宣教工程，绘制5万平方米“乡风文明文化墙”，标语宣传画更是随处可见。组织开展“孝风美俗进万家”活动，以“村规民约”大讨论、家庭敬老“学、比、评”内容为载体，教育引导广大群众弘扬真、善、美。

弘扬中华孝文化，实现其创造性转化和创新性发展

党的十九大报告指出：“推动中华优秀传统文化创造性转化、创新性发展，继承革命文化，发展社会主义先进文化，不忘本来、吸收外来、面向未来，更好构筑中国精神、中国价值、中国力量，为人民提供精神指引。”孝感在打造中华孝文化名城的实践探索中，赋予孝文化崭新时代内涵和现代表达形式，并对孝文化的内涵加以补充、拓展、完善，增强其生命力、影响力和感召力。在弘扬和传承孝文化的具体实践中，将其融入机关、校园、社区、企业和军营，通过举办孝文化节、老年健康产业博览会等群众广泛参与的节会活动，有效激发了各类团体组织和各类人群参与其中的积极性。孝感市对孝文化创造性转化和创新性发展的经验和启示有以下三点：

第一，弘扬包括孝文化在内的中华优秀传统文化，要处理好继承和发展的关系。习近平总书记强调，“对历史文化特别是先人传承下来的价值理念和道德规范，要坚持古为今用、推陈出新，有鉴别地加以对待，有扬弃地予以继承”。对待包括孝文化在内的中华传统文化，要取其精华，弃其糟粕，提炼优秀传统文化的合理内核，并赋予其时代价值，使其成为助力中华民族伟大复兴、构建人类命运共同体的强大精神支柱和价值支撑。

第二，弘扬包括孝文化在内的中华优秀传统文化，要做好创造性转化和创新性发展，力求避免文化建设和经济社会建设两张皮。要将优秀传统文化与经济社会协同布局、协同发展，使优秀传统文化转化为推动经济社会可持续发展的精神力量和动力源泉；要将中华优秀传统文化与城乡建设规划相融合，使文化元素成为城市发展的基因和名片；还要大力推动优秀传统文化与旅游经济、

养老产业和创意产业等相结合，赋予其文化内涵，提升其文化附加值，构建相关文化产业园区、形成文化产业链条，真正发挥文化产业的集聚辐射带动作用，助力当地经济社会的发展和腾飞。

第三，弘扬包括孝文化在内的中华优秀传统文化，要注重与传播社会正能量、践行社会主义核心价值观相结合。人民群众是弘扬优秀传统文化和践行社会主义核心价值观的实践主体，要发挥人民群众的积极性、主动性，引导他们争当时代楷模、参与传播社会正能量，就要用符合时代需要和大众口味的形式对传统文化作出新的阐释，使之以人们喜闻乐见、具有广泛参与性的方式推广开来；将道德建设和践行社会主义核心价值观融入日常生活，注重培树典型、以点带面，并将荣誉制度化、机制化，对先进典型给予一定的物质和精神奖励。

（本文引自《人民论坛》2018 年第 19 期 116—119 页，有删改）

武汉城市圈副中心建设*

国家发展，革命、建设、改革，百年画卷波澜壮阔；孝感腾飞，建市、兴市、强市，蹄疾步稳豪迈奋进。

孝感紧邻武汉，如何把这一最大优势用足用活用好，实现更高质量、更快速度的发展?

30年来，历届孝感市委、市政府接续探索、不懈努力，明确了“打造武汉城市圈副中心”的目标定位。

书写孝汉同城新篇，伴随“航母”出海远航，澴川大地前途一片光明。

依托城镇化、区域化：构建空间拓展的副中心

1993年，孝感“撤地建市”。是年10月，中共孝感市第一次代表大会首次提出“以武汉为依托，以孝感市区为龙头，以‘两线两路一江’沿线开发为重点，以实施‘151’工程为重要途径，加快孝感市经济发展”的工作思路。

2003年11月8日，湖北省委、省政府作出打造“武汉城市圈”的重大战略决策，擘画出美好蓝图——“积极推进城市圈内交通、产业、市场、科技对接，形成武汉辐射周边、周边支持武汉、九市联动、共同发展的格局”。

以武汉市为中心，黄石、黄冈、孝感等为组成城市，“1+8”格局的城市圈正式形成。孝感乘上了跨越发展的“动车组”。

2006年11月，孝感市成立由市委书记任主任、市长任第一副主任的融入武汉城市圈工作委员会，高位推进融入工作。12月，市第四次党代会召开，进

---

* 2003年11月8日，湖北省委、省政府作出打造“武汉城市圈”的重大战略决策。武汉城市圈以武汉市为中心，黄石、鄂州、黄冈、孝感、咸宁、仙桃、天门、潜江为组成城市，形成“1+8”格局的城市圈。省委、省政府要求积极推进城市圈内交通、产业、市场、科技对接，形成武汉辐射周边、周边支持武汉、九市联动、共同发展的格局。2010年，孝感市委、市政府作出建设武汉城市圈副中心城市的重大决策。基本内涵是：充分利用孝感地处武汉城市圈核心圈层的地缘优势，围绕推进汉孝经济一体化和空间同城化，积极承接大武汉产业转移，有效承担大都市功能延伸，把孝感打造成为“经济总量大、城市规模大、区域带动力强”的鄂东北大城市，形成以中心城市为核心、县域经济为支撑的发展格局。中心城市的范畴是：以孝汉快速交通大通道为轴线，东临天河机场、西接云梦县城，长50千米，形成以东部新城区、孝感主城区、孝南新城区和云梦城区为核心组团的城市带。按照“一年起好步、三年打基础、十年基本建成”的建设进程，力争全市经济建设、城市建设、生态建设、文化建设和社会事业发展走在武汉城市圈城市前列，把中心城市建成市域发展的核心增长极。

一步明确把“融入武汉城市圈”作为发展孝感的“四大战略”之一，依托武汉、服务武汉、融入武汉、加快发展孝感的指导思想牢固确立。

立足实现大开放、共享大市场的宏观背景，孝感腾飞就必须善于与龙头共舞，甘当发展“配角”，争当最佳“配角”。

2010 年，孝感市委、市政府作出“建设武汉城市圈副中心城市”的重大决策。要充分利用孝感地处武汉城市圈核心圈层的地缘优势，围绕推进汉孝经济一体化和空间同城化，积极承接大武汉产业转移，有效承担大都市功能延伸，把孝感打造成为“经济总量大、城市规模大、区域带动力强”的鄂东北大城市，形成以中心城市为核心、县域经济为支撑的发展格局。

2011 年 6 月 18 日，与天河机场隔湖相望的孝感市临空经济区成立。作为湖北省委、省政府确定的武汉·孝感临空经济区的重要组成部分，市临空经济区成为孝感与武汉实现同城化的桥头堡。

围绕建设武汉城市圈副中心城市战略目标，孝感市委、市政府以大开放促大发展的思路为先导，高位推进融入工作。

七个县市区依托自身资源，积极与武汉主导产业、支柱产业对接，初步建成了工业配套、农副产品加工供应、商贸物流集散、旅游休闲度假、人力资源培训、科技成果转化六大基地。以六大基地建设为重点，融入武汉由点到线、由线到面、由面到体，全方位推进。

党的十八大以来，特别是近几年，随着全省“建成支点、走在前列、谱写新篇”战略的落实落地，孝汉联系更加紧密，协作更富成效，合作日益深入，同城化发展日新月异。

据统计，2018 年以来，孝感共承接武汉转移项目 211 个，总投资 2637.8 亿元；与武汉企业签约项目 101 个，总投资 1930 亿元。全市 38% 的工业产品直接进入武汉市场，17% 的工业产品通过武汉海关出口，农产品供应率占武汉市场份额 20% 左右。规上工业企业中由汉资控股的近 280 家。

推进工业化、信息化：打造经济发展的副中心

传统农业大市，向市而“生”，也必须向市而“升”。依托武汉这个有千万人口的大城市，打造武汉城市圈副中心，推进经济结构、产业结构的转型升级势所必然。

多年来，经过坚持不懈调结构、上项目、促升级，加快工业化、城镇化、

产业化，转变经济发展方式，孝感市经济总量从2008年开始进入百亿级加速扩张阶段，副中心建设的底盘越来越牢固、底气越来越充足。

2011年12月，孝感市第五次党代会召开，对建设武汉城市圈副中心城市作了全面安排部署。

孝感市委、市政府接连在各县市区、市直“三区”（高新区、临空经济区、双峰山旅游度假区）召开推进科学发展、跨越式发展座谈会和三级干部会议，明确各地发展定位，丰富发展理念和战略思想，构建“一元多层次”战略体系，形成强大发展气场。

2012年4月6日，湖北省委、省政府在孝感召开三级干部会议，正式宣布将孝感建设武汉城市圈副中心城市纳入省级战略。

当年，孝感地区生产总值首次超千亿元，达到1105亿元；财政收入首次超百亿元，达到102亿元。

“尽管武汉很大，但可以平视，更可以借力。”接续努力中，全市高质量发展不断取得突破，副中心建设也更加信心满满。

近几年，孝感着力筑牢实体经济这块压舱石，聚力“两资一促”，狠抓“五化管理”，发展质效持续提升，主要经济指标增速持续高于全省平均水平。

2020年，孝感地区生产总值迈过2000亿元大关。汉川跻身全国县域经济百强，应城跻身中部地区县域经济百强，3个县市在全省县域经济考核中争先进位，5个乡镇入选全国综合实力千强镇。

产业结构持续优化，服务业在整顿规范中不断成长。新增服务业规上企业164家、限上商贸单位823家。规模以上工业企业达1189家。

培育农业产业化龙头企业331家、农民合作社6671家、家庭农场1085家，6个县市区被列为国家产粮大县，云梦获批全国农业标准化示范县，4个乡镇获评国家农业产业强镇，11个村镇获评全国“一村一品”示范村镇。

孝感，是武汉城市空间拓展的副中心，也理所应当成为经济发展的副中心。

迈向品质化、现代化：构建民生共享的副中心

地相近、人相亲是优势，但只有真正携起手来才能实现双赢。携手武汉，发展孝感，交通建设始终走在前列，发挥着火车头的带动作用。

2007年，一条西接孝感交通大道、东连天河机场二通道的交通大动脉——孝汉大道启动建设。此后，拉近汉孝时空距离的大手笔谋划再也没有停下，而

且内涵更加丰富，外延更加拓展。

“十三五”期间，孝感充分发挥区位优势、成本优势、环境优势，在规划和基础设施、产业和市场、科技人才、公共服务、生态环保等方面，与武汉不断深化“五个一体化”“五个同标准对接”。

2016年12月1日，第一列汉孝城际列车从汉口站出发，不到半小时抵达孝感东站。孝感从此与武汉迈入“同城”时代。

2018年1月28日，全长34.6千米，经过三期建设的孝汉大道全线通车，驾车从孝感城区到汉口唐家墩从过去需要90分钟缩短到1小时以内。

悉数兄弟城市与武汉接口通道，孝感与武汉已建成铁路和公路接口22个，位居城市圈首位。目前，联结贯通两地的快速通道已达18条。

武汉地铁延伸至孝感市临空经济区列入《武汉市轨道交通线网规划（2018—2035年）》；硚孝高速二期建设如火如荼；107国道改扩建、陈天大道临空段基本建成……伴随一批孝汉互联互通重大项目加速推进，汉孝“半小时经济圈”已然形成。

随着同城化步伐加快，两地教育、健康、医保等公共服务持续融合，一大波民生“礼包”温情释放。

2018年，“汉孝旅游一卡通”发行，两地旅游市场一体化迈出实质性步伐，两地居民共享旅游惠民福利。

2021年6月16日，武汉城市圈九城同步开设“通办综合窗口”，公积金提取等106项政务服务实现“跨市通办”。

今后，孝感市还将继续加快与武汉公共服务同城共享，推进社会保障一体化和急诊病历“一本通”、IC卡一卡通。

面向“十四五”，市委六届十一次全会提出“加快打造武汉城市圈副中心”的目标定位和“主城崛起、两带协同、孝汉同城、多元支撑”的区域发展布局。

站上新起点，锚定新目标，在市委、市政府的统筹谋划之下，武汉城市圈副中心建设的动能之充沛前所未有。

百舸争流，奋楫者先。乘建党百年之东风，弘扬革命精神，赓续红色血脉，孝感正在书写全新的历史篇章。

（本文引自2021年7月1日《孝感日报》，原标题为《借海扬帆奋者先——武汉城市圈副中心建设印证不变初心》，有删改）

众志成城抗疫情

新冠肺炎疫情是新中国成立以来我国遭遇的传播速度最快、感染范围最广、防控难度最大的一次重大突发公共卫生事件，是孝感经历的极不平凡的大战大考。

疫情突如其来，让人猝不及防。在以习近平同志为核心的党中央坚强领导、统一指挥下，在中央指导组、省委省政府坚强领导和省委督导组全程指导督导下，我们同时间赛跑，与病魔较量，迅速打了一场惊心动魄的遭遇战，打了一场气壮山河的人民战争、总体战、阻击战。孝感紧邻武汉，是抗击疫情决胜的重要战场，开战就是短兵相接、生死搏杀。我们紧急动员、高效应对，因时应势、调整策略，万众一心、共战疫情，38 天实现新增确诊病例归零，65 天实现在院确诊病例清零，全市经济社会发展有序恢复、成效显现，为取得湖北保卫战决定性成果，为夺取全国抗疫斗争重大战略成果，作出了孝感贡献、体现了孝感担当。

成果来之不易，过程充满艰辛。这场抗疫斗争艰苦卓绝而又波澜壮阔，惊心动魄而又荡气回肠，有很多瞬间让人热泪盈眶，有很多温暖让人永生铭记。

我们不会忘记，党中央国务院和省委省政府的正确指引、亲切关怀。孝感作为“决胜之地的重要战场”，疫情防控始终在习近平总书记的关注之下。战疫最紧要关头，习近平总书记作出“孝感要采取和武汉同等的隔离救治措施”的重要指示，为孝感防控提供了根本遵循。1 月 27 日孙春兰副总理率中央指导组进驻湖北，2 月 1 日就亲临孝感现场指导。省委应勇书记、王晓东省长多次到孝感调研指导，调度解决孝感防控物资短缺等问题。农历正月初二，省委常委、统战部部长尔肯江进驻孝感，连续 62 天全程督导。

我们不会忘记，广大医务工作者的最美逆行、舍生忘死。疫情之下、危难之际，全市 1.2 万名医务工作者挺身而出，义无反顾奔赴战疫最前线。疫情暴发之初，孝感市一线医务人员以应急状态迅速集结，500 余名医护人员纷纷写下请战书。市中心医院黄文军烈士主动请缨：“我申请去隔离病房，共赴国难，听从组织安排……”经他治愈的患者说：“他的好，我们都记着！”正是这些“新时代最可爱的人”“抗疫最大功臣”的赤胆仁心、永不言退，以无私无畏无悔的英雄气魄，为人民生命健康筑起一道铜墙铁壁。

我们不会忘记，重庆、黑龙江的火线驰援、鼎力相助。在疫情防控最吃劲的关键时刻，重庆市、黑龙江省第一时间选派精兵强将，选送最硬“鳞”，倾力对口支援。中央政治局委员、重庆市委书记陈敏尔多次连线，提出“应孝感之需、尽重庆之能、举全市之力支援孝感，打赢防疫保卫战”；时任黑龙江省委书记张庆伟、省长王文涛，重庆市市长唐良智多次指挥调度物资支援孝感。两地援孝医疗队 1362 名队员，分 11 批火线驰援，为孝感人民“拼命”。“最美渝见”“龙江老铁”送来了信心、温暖和希望。

我们不会忘记，广大干部群众的齐心协力、共同坚守。疫情汹汹，病毒肆虐，孝感没有前方和后方。全市 2 万多名党员干部下沉一线、冲锋在前，公安民警、城管人员、消防队员、基层干部不惧风雨、坚守岗位，社区工作者、志愿工作者、快递小哥、环卫工人不辞辛苦、无私奉献。“我是党员，我先上”“有重活就喊我”“疫情不退，我们不退”……铮铮誓言诠释初心，平凡举动体现担当。大家都是平凡的真英雄！在封闭管理的特殊日子里，广大群众顾全大局、守望相助，关门闭户、宅家抗疫，无数个“小我”组成“我们”、无数个“小家”组成“大家”，500 多万孝感人民团结如一人。每一个坚守岗位、宅家抗疫、守家卫国的群众都是好样的！

我们不会忘记，各路媒体记者的“硬核”宣传、动员引导。中央、省、市、县各路媒体记者以笔为号、逆势前行，置个人安危于度外，深入一线，冲锋陷阵，记录下一场场触动人心的生死之“战”。市县乡村四级联动，线上线下同步发力，横幅、喇叭、宣传车、微信、抖音等“十八般武艺”齐上阵，主动发声，正面引导，回应关切，消除杂音，一篇篇一线报道，一次次权威发布，一个个动人故事，扫除了疫情阴霾，还原了事实真相，凝聚起共克时艰的磅礴力量。“土味”却“对味”的防控标语，纯正的孝感方言，不仅掀起了全市“硬核”的喊话风，更在网络上获得全国各地网友点赞。在这场大战大考中，广大新闻工作者用责任、情怀和追求，合力传递了孝感战疫最强音。

我们不会忘记，海内外人士的爱心善举、无私援助。危难时刻，海内外企业、社会组织、爱心人士纷纷慷慨解囊，捐款捐物。富华国际、广西启利、日本三睦、海王医药、协丰公司、大禹电气、龙王恨、福聚多、方鹏实业等一大批企业伸出援手。中国侨商会、中国华侨公益基金会、南澳湖北同乡会、洛杉矶武大校友会、菲律宾湖北商会、孝高校友会等各类社会组织纷纷行动。远在悉尼的孝感海外顾问邝远平先生日夜联系捐赠事宜，远在阿根廷的童年女士两次“歉意”道出赤子之心……爱心和善举汇成一股股暖流，熔铸成共克时艰的坚强后盾。

回望走过的路，个中艰辛、历历在目。全国确诊病例第二，把孝感推向风口浪尖，紧张、不安、烦躁情绪曾经蔓延，疑问、质疑、造谣声音偶有充斥。面对这场躲不开、输不起的殊死对决，我们顶住压力、保持定力，聚焦“防、断、检、治、统、稳”，突出“防”“治”主线，接连发布 17 道命令和 100 多个文件，采取超常规举措，全力推动阻断、救治、保障“三线”合围，牢牢把握疫情防控的主动权。

我们没有被“病来如山倒”的严峻形势所吓倒，我们始终保持着“病去如抽丝”的清醒和耐心；上半场，我们果敢、迅速、彻底排除“存量”；下半场，我们“主动、全面、科学”遏制“增量”。2 月 28 日确诊病例实现零增长，3 月 16 日全市降为低风险地区，3 月 27 日在院确诊病人全部出院。进入疫情常态化防控阶段后，我们坚持“严防输入、严防反弹”，慎终如始抓好常态化科学精准防控，5 月 6 日、5 月 20 日全市高三、初三学生相继复学，经济社会秩序有序恢复。

我们筑牢“阻断线”，严防死守阻断疫情传播。“防”不到位，就“治”不断根，我们主动防，1 月 20 日对“邻汉环孝”通道 26 个检测站全天候值守。正月初一，我们率先在全省组织动员党员干部取消异地休假，投入疫情战斗，扶贫工作队全部转为防控工作队，全市 2450 支农村（社区）工作队、14168 名队员和 6261 名党员干部进村入户、下沉社区，多轮次滚动摸排“不漏一户、不落一人”。只有隔得住，才能控得好，我们彻底隔，对发热病人、疑似病例、确诊病例密切接触者，落实“四早”、加强管控、集中隔离，适时调整设立阻断中心，在病毒与群众之间筑起一道“防火墙”“隔离墙”。全市发热病人、密切接触者、疑似病人隔离留观房间，高峰时期分别达 6223 间、17967 间和 2068 间，动态超出实际需求，做到应收尽收、应隔尽隔，努力让社区“干净”、社会面“干净”。我们全面摸排，向上溯源、向下追踪，抽调 1681 人组成 245 支流调小分队，启用大数据排查筛选，构建信息收集、推送、研判、核实、反馈闭环体系，累计追踪密接者 28928 人，确诊病人与流调追踪密切接触者比例达 1:8.22。

我们优化“救治线”，不惜一切代价救治病人。始终把人民生命安全和身体健康放在第一位，我们统筹医疗资源，第一时间公布 9 家定点医院，相继启用 31 家定点救治医院，集中收治确诊病例、疑似病例；及时组建医疗救治指挥中心，把重症患者集中到市中心医院、汉川市人民医院定点救治；全市确诊病例床位最高峰达到 4681 张，始终做到“床等人”。我们实行动态预警，成立医疗质量控制小组，建立轻型、普通型、重型、危重型四级预警机制，全力阻止轻症向重症转化。我们强化辨证施治，在全省率先出台中医药防治新冠肺炎工作方案，建立中西医结合临床会诊机制，中药使用率达 96.45%，中轻症病人占 90% 以上。我们快速提升核酸检测能力，检测机构由最开始的 1 家增至目前的 18 家，日检测能力由 240 份提高到现在的 16000 份。我们建立行政领导、专家组、医疗机构“三方结合”机制，充分发挥援孝医疗队作用，组建 8 个巡回专家组和驻院专家组，对重症、危重症患者“一人一策”、辨证施治，全市病亡率低于全省平均水平 2.95 个百分点。

我们强化“保障线”，全力以赴保障医疗和生活物资。防疫战也是防护战、装备战，更是储备战、消耗战。“白衣战士”与病魔较量，不能“缺弹少药”，我们高规格成立物资保障组和社会捐赠组，采取对上争、社会购、各方捐等方式，打出“组合拳”，备足“弹药”和“粮草”；我们建立物资需求日报制，精准对接、高效供给，抗疫物资从 24 小时紧平衡，到 48 小时紧平衡，再到保障充裕、随时调拨。医护工作者用生命守护生命，我们落实医护关爱政策，开展慰问、结对帮助，表彰奖励、政治关怀，带着感情做好重庆、黑龙江医疗队服务工作，加强院感防控和医务人员健康防护，防止战斗减员，两支援孝医疗队“零感染”。封闭管理给群众生活带来很大影响，我们构建应急供应链，统筹内供外调、线上线下、捐赠采购等途径，基层干部和志愿者搭起生产者与消费者的桥梁，建起销售端与居民家的“直通车”，打通群众“宅”家服务“最后一米”，各项生活物资供应充足，价格总体平稳，社会平安稳定。

我们坚持“带伞作业”，有序恢复生产生活秩序。准确研判疫情态势，在全省较早出台《联防联控常态化管理意见》，因时应势调整工作着力点和应对措施，推动疫后重振和高质量发展。我们持续兑现惠企稳企政策，推行“96120 咨询热线 + 千名干部进千企”服务模式，让减税降费和财税金融支持政策直达企业，千方百计稳实体经济、保市场主体。到 7 月底，“四上”企业复工率 99.8%；我们强化“两资一促”主题，积极对接省委、省政府疫后重振补短板强功能三年行动方案，全市入库项目 538 个、总投资 1463.8 亿元；按下项目建设“快进键”，开展两次招商集中签约、两次“四比四看”拉练活动，以项目之进夯实发展底盘。针对疫情暴露出的基层治理短板和不足，我们率先启动党建引领基层治理，做实做细规划建制、组织建设、人口信息三项重点工作，制定系列政策文件，全面推行“双报到、双报告”机制，努力打造党建引领基层治理的“孝感样板”。压力是多重的，任务从来不是单一的，我们“战疫”“战洪”“战贫”三战并举，决战决胜脱贫攻坚，打好防汛救灾突击战，一体推进改革发展稳定工作，经济运行趋稳向好、好于预期。上半年，全市生产总值增速高于全省平均水平2.5个百分点，居全省第4位；至8月份，固定资产投资和规上工业增加值增速，均居全省第6位。

艰苦卓绝的斗争，生死与共的考验，风雨同舟的经历，我们付出了巨大努力，取得了疫情防控决定性成果，也收获了重要经验与启示。

——抗疫斗争伟大实践告诉我们，党的坚强领导是我们无坚不摧、无往不胜的根本保证。在这场“没有硝烟、却有生死”的大战中，党中央统揽全局、果断决策，习近平总书记亲自指挥、亲自部署，真正做到了步调一致、协调联动，全国一盘棋。省委、省政府对全省疫情防控作出全面部署，派出省领导常驻督导，强化医护力量、医用物资全省调度，为我们打好疫情防控阻击战提供了科学指引和坚强后盾。

全市各级党组织和广大党员干部闻令而动、担当作为，筑起了坚不可摧的铜墙铁壁。实践再次证明，党的坚强领导是我们应对各种风险挑战的“定海神针”。我们要毫不动摇坚持和加强党的全面领导，更加自觉地增强“四个意识”、坚定“四个自信”、做到“两个维护”，始终在思想上政治上行动上同以习近平同志为核心的党中央保持高度一致。

——抗疫斗争伟大实践告诉我们，人民至上是我们党立党为公、执政为民的价值追求。“疫情就是命令，防控就是责任”。疫情发生后，我们坚持人民至上、生命至上，设立96120求助电话，不计成本救治重症患者，落实重大疾病医疗保险和救助制度，实施所有患者免费治疗，加强心理疏导和人文关怀，赢得了群众的理解、信任和支持，为我们赢得疫情防控斗争注入了强大信心和力量。实践再次证明，只有把人民放在心中最高位置，才能得到人民群众的衷心拥护和坚定支持。我们要坚持以人民为中心的发展思想，尽力解决好群众操心事、烦心事、揪心事，更好地凝聚起推进新时代孝感高质量发展的强大力量。

——抗疫斗争伟大实践告诉我们，尊重科学是我们攻克难关、破解难题的锐利武器。面对前所未知的新型传染性疾病，我们紧扣孝感疫情发展各个阶段不同特点，因情因势采取更科学、更符合孝感实际的防控措施，在全省较早部署排查武汉返乡人员、实施密接者全面检测、中药提前介入、分类集中救治、出台常态化防控意见，牢牢把握疫情防控的主动权。中国工程院王辰院士来孝感指导疫情防控时评价："孝感在早期疫情形势非常严峻复杂的情况下，通过科学防治、精准施策，迅速控制了疫情，殊为不易、令人钦佩。孝感的疫情防控工作是一个典型样本。"实践再次证明，只要我们坚持从实际出发，在遵循客观规律的前提下创新工作思路，就一定能够找到破解难题的钥匙。我们要发扬科学精神，尊重科学规律，用科学的方法解决好孝感改革发展稳定中的重点、难点、焦点问题。

——抗疫斗争伟大实践告诉我们，众志成城是我们应对风险、迎接挑战的力量源泉。面对严峻疫情、生死考验，所有孝感人同舟共济、同仇敌忾，克服长时间隔离带来的巨大身心压力，自觉配合、支持、参与疫情防控，成为战疫的主角、主力。重庆、黑龙江医疗队员逆行出征、千里驰援，全国各地、社会各界、海外华人华侨纷纷慷慨解囊、鼎力相助，不仅为孝感战疫提供了强大人力物力支持，更给了我们强大精神力量和必胜信心。实践再次证明，只要我们万众一心、众志成城，就没有战胜不了的困难，就没有迈不过去的沟坎。我们要发扬"一方有难、八方支援"的团结互助精神，团结带领全市人民，拧成一股绳、铆足一股劲，携手抵御风险、共克时艰。

——抗疫斗争伟大实践告诉我们，作风优良是我们敢打硬仗、能打胜仗的重要保证。新冠肺炎疫情是大战也是大考，检验的是"不忘初心、牢记使命"主题教育成果，体现的是党员干部的态度、能力、作风。从疫情防控到统筹经济社会发展，从脱贫攻坚到"六稳""六保"，我们始终坚持实事求是，保持应急状态，强化防控纪律，弘扬防控作风，以真实数据反映工作实绩，以真实成绩衡量考核班子队伍，取得了经得起时间与历史检验的抗疫战绩，进一步树立了担当作为、务求实效的价值导向。实践再次证明，担当是干事的前提，务实是成事的基础。我们要始终坚持实事求是的思想路线，牢固树立正确政绩观，崇尚实干、勇于任事，以实实在在的业绩赢得组织的信任和群众的认可。

（本文节选自 2020 年 10 月 10 日孝感市抗击新冠肺炎疫情表彰大会上的主题报告，有删改）

统筹城市创建

自2021年5月全面启动“五城同创”工作以来，孝感市始终坚持以人民为中心的发展思想，按照“上马不下马，升温不降温，动真不怕硬，严考不认人”的总体要求，以高位推进促进创建落实落细，以先行示范带动全面全域创建，以党建引领推动创建向内圈层拓展。创建成效看得见、摸得着，实惠全民共享。

创建目标高点定位

“五城同创”总体目标，是到2026年前创成全国文明城市、国家卫生城市、国家园林城市、国家森林城市、国家生态文明建设示范市。

年度目标任务：1.2021年打基础，抓启动、办试点、建机制，通过省级卫生城市复查。2.2022年上台阶，抓拓展、攻难点、强弱项，重获省级卫生城市，创成省级生态文明建设示范市。3.2023年见成效，抓重点、补漏点、创亮点，实现基础设施大建设、生活环境大优化、城市管理大升级、市民素质大提升，重获省级文明城市，进入全国文明城市提名资格城市行列，完成国家园林城市复查申报，完成国家卫生城市向省爱卫会申报并高标准通过初评，通过国家森林城市检查验收。4.2024—2026年抓巩固提升，全面升级、全力冲刺、全民参与，建成和谐宜居、富有活力、具有特色的现代化城市，2024年创成国家卫生城市，2025年、2026年全国文明指数测评成绩进入全国前30名，2026年获得全国文明城市、国家生态文明建设示范市荣誉称号。推动各地贯彻新发展理念，提高城市治理水平，支持汉川市、应城市、云梦县、安陆市积极争创国家卫生城市（县城）、全国文明城市（县城），支持大悟县、孝昌县创成省级文明城市（县城）。

创建举措高位推进

在创建过程中，经过不断探索、不断完善，逐步形成了“八个坚持”“闭环”创建工作机制。

坚持大员上阵，建立统筹调度机制。市委、市政府统筹谋划、统一推进，成立了以市委书记任政委、市长任指挥长、相关市级领导任副指挥长、各责任单位负责人为成员的城市创建指挥部，下设由市级分管领导挂帅的十大专项行动工作专班和创建办公室，各级各单位对应成立创建工作专班，形成市、区、街道、社区创建网络体系。指挥部定期研究重点难点问题、定期现场调研督办，办公室充分发挥“中枢”作用，建立主任办公会、联席会、周例会制度，全面落实主导责任，统筹安排创建任务，协调各方整体联动，有效将各级创建力量拧成一股绳，形成了强大的创建合力。

坚持高位推进，建立亮晒比拼机制。市委、市政府每月选择一个街道作为会议现场，召开一场高规格、大规模现场推进会，市全体领导、市直单位负责人、县市区党委书记、城区街道办事处主职等四级领导参加会议。会议采取“会场＋现场”“表态＋表扬”形式召开。会议分两个阶段召开，第一阶段部分与会人员现场检阅街道创建片区；第二阶段召开会议，会上印发月度考评通报、暗访通报，播放创建专题片、暗访曝光片，创建先进单位交流发言、有关职能部门和下一场现场会承办街道表态发言，用正反两方面激励措施，推动创建工作比学赶超。

坚持顶层设计，建立清单管理机制。在广泛调研、征求意见、对照标准基础上，研究制定“1+5+10+N”行动方案，即“1”是《孝感市“五城同创”三年行动方案》，“5”是创建全国文明城市、国家卫生城市、国家园林城市、国家森林城市、国家生态文明建设示范市创建单项方案，“10”是十大行动创建工作方案，“N”是各职能部门制定的创建子方案，形成了创建工作时间表和路线图。对照总体方案、创建标准和要求，结合创建工作实际，先后印发《百日整治行动方案》《先行片区创建工作方案》《示范片区创建工作方案》等专项方案和年度工作计划，细化行动内容，明确责任单位，指导各级各单位对标对表、有的放矢开展各项创建工作。

坚持试点先行，建立示范引领机制。创建伊始，为积累创建经验、树立创建样板，精心选择基础差、人口多、管理难、代表性强的广场街大院社区周边 2 平方千米区域，开展先行片区创建活动。以点上突破，带动全面开花，不断育点、强线、扩面。由点到面、梯次推进、巩固拓展，已成为创建工作的重要经验和共识，城区 8 个街道办事处各建成一片先行区，并以此为样板，积极向第二片区、全辖区推进。紧紧围绕城市创建各项标准、各项要求，组织开展分类别、多层次知识培训班，推进各地各部门在吃透标准、掌握标准的基础上，推动创建活动向内圈层拓展。由表及里，城市创建由主次干道环境卫生、公共秩序、建筑立面等城市的“面子”开始，逐步向背街小巷、居民小区等城市“里子”延伸，推动解决了空中线缆入地、娱乐场所扰民、孝棉家苑小区供水及环境卫生等一大批难点、痛点问题，市民满意率不断提升。

坚持市区一体，建立齐抓共管机制。按照“市区一体、协调一致”原则，加强市级统筹和顶层设计，制定印发的《孝感市“五城同创”行动方案》，明确孝感主城未来五年的创建蓝图，全市“五城同创”工作既顶格协调、高位推进，又层层发动、上下联动，初步形成主城引领、全域协同的创建态势，做到市区一盘棋、施工一张图、责任一张网；建立“市级主导、专班主抓、区级主责、街道主创、社区主体”五级联创责任体系，做到责任全覆盖、创建无死角、管理无盲区；建立市区领导共同包片包路、部门包社区包路段工作责任制，落实“街道吹哨、部门报到”要求，聚焦乱搭乱建、占道经营等重难点问题，积极组织市区有关职能部门联合行动、合力攻坚。

坚持广泛发动，建立宣传教育机制。积极统筹防疫、创建等宣传力量，综合利用线上线下公共宣传平台，建立统一调度、统一管理、统一发布工作机制，形成全媒体、全时段、全覆盖的大宣传格局。充分利用宣传栏、电子显示屏、宣传册、宣传标语等载体，在市区主次干道、公园广场等重要位置增设1万多处户外广告，确保创建公益广告“抬眼可见、驻足即观”。创新宣传形式，组织“敲门行动”，常态开展清洁家园、交通劝导等志愿服务行动，持续开展“小手牵大手、文明齐步走”“文明礼仪进社区”“孝感好司机评选”“创建知识大赛”等活动，形成“人人知晓、人人参与”创建的浓厚氛围。

坚持责任管理，建立同题共答机制。建立“路段长制”，市、区领导包保8个片区和17条主要道路，114个市直部门分别包保责任路段。建立“五个一”机制，市包保领导定期调研解决路段创建具体问题，高位推进包保任务落实落地，层层传导压力，层层压实责任。建立社会共建责任制，制定“门前四包”“商住联盟”“城管随手拍”管理办法、责任清单，组织街道、社区与临街门店、住户等签订承诺书，动员社会主体自觉履行门前包保义务，鼓励市民主动参与城市管理。建立创建工作投入机制，聚焦创建工作需要，建立“向上争资、市场融资、财政筹资”多元投入机制，对年度考核排名靠前的街道部门给予奖励，为顺利推进创建工作提供重要保障。

坚持实绩导向，建立考核问责机制。制定“日巡查、周通报、月排名、季点评、年考核”检查督办考核办法，每日创建办督办组人员到路到点巡查，每周对日巡查问题进行分类别、分单位汇总通报，按月对 5 个主创部门、8 个重要部门、102 家包保单位、8 个街道办事处、5 个出入口乡镇考核打分排名，考评结果在媒体公示，每季度对创建工作进行经验总结、查找问题、提出思路，年底将进行总评，做到问题及时发现、及时反馈、及时解决，累计对 45 家督办考评评价较差的单位进行了跟踪督办，对 25 家连续两次考评评价较差的单位进行了约谈，实现“以考促创、以考促管”。

创建成效有目共睹

创建工作启动以来，孝感始终秉持创建为民、为民创建的理念，始终坚持目标导向、问题导向、结果导向，从基础抓起、从实起步，持续发力、共同努力，统筹开展美好环境与幸福生活共同缔造，基本达到城市有变化、市民有感受、目标有进展，使创建工作成为得人心、暖民心、筑同心的实事工程、民心工程。

压茬推进，实现了预期目标。紧紧围绕创建目标任务，整体谋划、分步推进，环环相扣、稳扎稳打，“创卫”有了新突破。2022 年 3 月 4 日，省爱卫办发布通报，确认孝感、汉川、应城为湖北省卫生城市。生态文明示范创建有了新突破。2023 年 4 月 2 日，省生态环境保护委员会发文，省政府同意授予孝感市、安陆市、应城市、汉川市、云梦县“湖北省生态文明建设示范市（县）”称号。国家森林城市创建各项指标均达标，部分超过国家标准；省级森林城市创建扎实推进，汉川通过省级验收。至此，孝感 7 个县（市、区）均成功创建省级森林城市。

全城动员，凝聚了创建合力。各街道办事处和市直单位充分利用宣传栏、电子显示屏、宣传册、宣传标语等载体，全方位宣传城市创建。孝感日报、孝感广电台等主流媒体先后推出了推进会专题报道、回头看系列报道，设置“五城同创　共建大美孝感”专题专栏，报道 2000 余篇次，曝光栏和回音壁栏目 100 余期，获得市委主要领导批示肯定 3 次，编发手机宣传短信 15 期。广泛宣传“五城同创”相关知识和内容，新建绿色公益围挡 4500 余平方米，开展“敲门行动”访商户、进企业 2300 余家，签订《门前四包承诺书》16800 份，发放《致居民的一封信》10万余张，开展清洁家园、交通文明劝导等志愿服务活动10余万次，“人人知晓、人人参与”创建氛围正在逐步形成。

攻坚克难，增强了创建信心。违建和旱厕是制约创建工作的两大痼疾。市、区两级城管部门联合8个街道办事处，从难处着手，综合运用强力拆、专项治、有序导等手段，严格做到“减少存量、控制增量”，不断形成拆违控违高压态势和强大声势，集中拆除了彭家湾、水利巷、“一条龙”、汤家街、孝天路、工人街、金北路等各类违建1800多处50000余平方米，切实解决困扰市民多年的老大难问题，一炮打开创建工作突破口，各地乘胜而上，累计拆除违法建设3000多处、面积10.3万平方米，拆除创建区旱厕968座，城区主次干道违章建筑、创建区旱厕基本清零，增强了创建信心。

对标对表，补齐了短板弱项。对照各项测评标准，组织开展多轮培训，推进知标对标，加快补齐基础设施短板，投资155亿元历时三年修复老澴河生态环境，极大提升老城区环境短板和功能短板，昔日“龙须沟”华丽转身成为市民“会客厅”。改造主次干道30多条、市场11个、老旧小区212个，新增口袋公园9个，新增绿化面积458.14公顷，新建停车场12个，新增路侧停车泊位4174个。全市启动公卫补短板项目81个，总投资达52.22亿元，卫生健康筛查服务72.1万人。从创卫评审得分来看，在2022年12月第三方暗访评估中得分为765.2分，虽然离稳定达标800分还有一定距离，但对比2019年创卫评审得分598.9分，有了明显提高。

集中整治，改善了城市形象。各级各单位围绕群众所需所盼，积极回应群众关切，努力让每一位市民在点滴中感受变化，在变化中体验幸福。坚持破立并举、建管结合，集中时间和力量，一波接一波整、一浪高一浪治，先后组织开展百日整治行动、迎新春整治行动、达标创建行动等活动，集中开展交通秩序、环境卫生、占道经营、室外晾晒、空中网线、户外广告、建筑工地、园林绿化、“七小行业”、病媒防治等十大专项整治，查处各类交通违法行为5.1万起，整治马路市场12个、三无小区403个、背街小巷485个，清理垃圾死角171处、清除卫生死角垃圾24000余吨，铲除“牛皮癣”2万余处，规范占道经营1.9万处，维修破损路面4.8万余平方米，补植绿化20余万株，排查整改城区“七小行业”10512家，城市环境得到全面改善，市民群众纷纷为创建成效点赞。

向内拓展，厚植了文明底色。制定印发《孝感主城区向内圈层拓展实施方案》，组织开展文明单位、文明社区、文明小区等十项创建行动，从而推进创建工作迈入从由表及内、由主向次、由上到下创建新阶段。开展文明培育，推进文明行为和控烟立法，完成《孝感市文明行为促进条例》征求意见和立法审查。常态化组织志愿者开展清洁家园、交通劝导等志愿服务活动，广泛开展文明餐桌示范店、孝感好司机、最美澴川骑手等评选活动，深入开展文明餐桌、文明交通、文明旅游、文明上网专项行动，制作 10 部文明行为宣传教育短视频全网推送，倡导文明健康的生活方式。

决战决胜脱贫攻坚

孝感市地跨鄂豫皖、湘鄂西两大革命根据地，集老区、山区、库区、湖区于一体，属大别山集中连片特困地区，有大悟、孝昌两个国家级贫困县和5个插花贫困县（市、区）。2013年底，孝感全市建档立卡贫困村503个，贫困人口33.95万人。

脱贫攻坚战打响以来，孝感市委、市政府认真学习贯彻习近平总书记关于扶贫工作的重要论述和指示批示精神，落实省委、省政府关于打赢脱贫攻坚战的工作部署要求，始终把脱贫攻坚作为“压倒一切”的政治任务和“头等大事”牢牢抓在手里，采取超常规力度和举措，扎实推进责任落实、政策落实、工作落实。通过连续多年持续攻坚，全市脱贫攻坚取得全面胜利，累计实现减贫35.77万人，现行标准下农村贫困人口全部脱贫，503个贫困村全部出列，大悟、孝昌两个国家级贫困县摘帽退出，贫困群众“两不愁三保障”全面实现，贫困人口收入大幅增加，2015—2020年，建档立卡贫困户人均纯收入由3037元增加到11145元，年均增长29.7%，贫困地区居民基本生产生活条件明显改善、发展能力明显增强，区域性整体贫困基本解决。2017年、2018年度，我市在全省17个市州扶贫成效考核中分别位列第7名、第3名，在2019年及2020年上半年、2020年下半年省对市县扶贫成效考核中被评为“综合评价好”。全国贫困县整合涉农资金现场会、全国驻村帮扶工作座谈会、全国“互联网+”社会扶贫工作现场观摩暨培训班先后在孝感市召开。

坚持大员上阵，压实主体责任

成立市委书记、市长“双挂帅”的脱贫攻坚指挥部，建立健全市级领导联系包保制度，市委书记、市长带头包保大悟、孝昌两个贫困县。压实从市级领导、县（市、区）党政“一把手”到村支部书记、结对帮扶干部9个层面干部的脱贫攻坚责任，确保责任落实到边到角到底。实行行业部门责任清单管理，建立述职点评、会商、通报约谈三大机制，切实压实行业扶贫责任，形成攻坚合力。

健全工作体系，建强攻坚队伍

建立扶贫指挥体系。以扶贫办为主体，抽调干部组建指挥部办公室，构建调度顺畅、运转高效的市县指挥体系，统筹推进全市脱贫攻坚工作。市县两级指挥部办公室工作人员达 494 人。

派强驻村帮扶队伍。2018 年初，市委、市政府“举全市之力”选派驻村工作队伍，大悟、孝昌实现有贫困人口的村驻村工作队全覆盖，非贫困县凡是有 20 户以上贫困户的村，实现派驻工作队全覆盖。全市共有 1278 支驻村工作队、队员 5902 人，其中市本级工作队 201 支，队员 650 人。

夯实结对帮扶力量。突出“连心用情、真帮实扶”，全市 3.06 万名党员干部共结对帮扶贫困户 11.38 万户，实现包保全覆盖。

开展“小班额、多轮次、常态化”培训，实现脱贫攻坚干部培训全覆盖。

坚持目标标准，推动政策落实

紧盯“两不愁三保障”脱贫标准，全面排查补短板，推动各项政策措施落实到村到户到人。加大教育扶贫补助，贫困家庭就读学生实现教育扶贫资助“全覆盖”；完善“四位一体”（基本医疗、大病保险、医疗救助、补充医疗保险）健康扶贫政策，建档立卡贫困人口实现医疗保险全覆盖，全市 169 家医疗机构开通“一站式、一票制”结算服务，有效化解了因病致贫返贫风险；全面完成“四类对象”危房改造 2.29 万户，累计实施易地扶贫搬迁 12931 户、27199 人，实施饮水安全提升工程 142.6 万人，“两不愁三保障”全面实现。大力推进产业就业扶贫，贫困村产业扶贫全覆盖，建设扶贫车间 153 家，开发乡村公益性岗位 1.6 万余个，吸纳贫困劳动力就地就近就业。将 7.65 万名贫困对象纳入农村低保保障，1.93 万人纳入农村特困保障，实现应保尽保、应兜尽兜。

聚焦问题整改，提升工作质效

抓实问题整改。坚持以中央巡视及“回头看”反馈问题整改为重点，一体化统筹推进国家、省考核反馈问题、省委精准脱贫专项巡视、脱贫攻坚大排查等各类整改，以扎实有效的整改，促进脱贫攻坚工作提质增效。

夯实工作基础。建立脱贫攻坚标准体系，为推动脱贫攻坚工作提质增效打牢基础。严把脱贫退出关，扎实开展建档立卡动态管理和数据整改，全面提升建档立卡数据质量。

巩固脱贫成果。建立完善防返贫动态监测和帮扶机制，加大对 1398 户 4183 人脱贫不稳定户、2367 户 7314 人边缘易致贫户、969 户 3300 突发严重困难户“三类人口”的监测帮扶，全面消除返贫致贫风险。

统筹“战疫”“战贫”，全力克服疫情影响

统筹推进“战贫”“战疫”“战洪”，整合中央、省级一揽子政策，制定出台 25 条政策措施，建立闭环落实机制，全力克服疫情、灾情影响。2020 年累计帮助 13.2 万名贫困劳动力外出务工就业，较 2019 年增加 9.1%；认定扶贫产品 1552 个，通过“832”平台、中国社会扶贫网湖北特色馆销售扶贫产品 7379.4 万元。推动扶贫项目建设，全年实施扶贫项目 2515 个，财政专项扶贫投入资金 14.67 亿元。

坚持“双向激励”，强化作风建设

严格考核评估，每年对 123 个有扶贫任务的乡镇开展综合督导评估，对排名靠后的乡镇、市直行业扶贫部门进行工作约谈和诫勉谈话。

扎实开展扶贫领域“作风建设年”活动和扶贫领域腐败和作风问题专项治理，运用“扶贫领域政策落实监察系统”开展监督检查，坚决防止扶贫领域形式主义、官僚主义问题。

坚持干事导向，实行及时奖励。市本级累计对脱贫攻坚工作中表现突出的 281 个先进集体和个人进行及时奖励，其中记二等功的 21 个、记三等功的 65 个。

老漻河综合治理*

——治理一条河，改变一座城

多少文明的光影，与河流相伴而生。

在孝感，有一条河，散发着母性的光辉，孕育、滋养着城市的根脉，绵延不绝。

她，就是老澴河，孝感的母亲河。东起府河东大堤，西至三军台汇入槐荫河，全长 8.6 千米。

她，曾浩淼清波，带来“日有千人拱手，夜有万盏渔火”的盛况。

然而，长期以来，两岸生产生活污水无序排放，部分河段基本丧失水体自净功能，严重影响人居环境。母亲河满目疮痍，浑浊不堪。

治理老澴河，改善水环境，是沿河居民多年来的热切期盼。

治理一条河，改变一座城。还自然一江清流，还百姓一河碧波。市委、市政府迎难而上，顺应百姓美好生活期盼，打响了老澴河综合治理的攻坚战。

以新发展理念谋划综合治理

——坚持生态优先，推进生态修复和城市修补，改善人居环境

党的十九大提出，要牢固树立社会主义生态文明观，推动形成人与自然和谐发展现代化建设新格局。

“整治老澴河，就是造福子孙，造福未来。”

2017 年 11 月 20 日，市委、市政府召开老澴河综合治理动员大会，宣布重大民生工程——老澴河综合治理工程正式启动，补齐生态民生短板，让碧水蓝

* 澴河发源于河南省灵山，干流全长 150.8 千米，流域面积 3618 平方千米。澴河孝昌花园水文站以上共分 3 支，东支大悟河，中支广水河，西支应山河。原老澴河流经大悟、广水、孝感，在北泾咀流入捷径河，在湛家矶出长江。新中国成立至今，孝感对老澴河综合治理的大工程共有 4 次：第一次是 1959 年府澴河改道，第二次是 1996 年澴河堤防除险加固，第三次是 2008 年实施“三河连通”暨澴东水生态系统保护与修复，第四次是 2017 年 11 月开始的老澴河综合治理。

天扮靓美丽孝感。

抓治水，就是抓改革、抓发展、抓民生、抓和谐、抓生态的突破口，是抓全局工作能牵一发而动全身的“牛鼻子”。

这场硬仗，事关当前，关乎子孙，利在千秋。

从冬入春，再从春到冬，市委、市政府密集调研、督办，加快修复老澴河生态环境，将老澴河综合治理工程打造成惠民利民的治污工程、安居工程、民心工程，推动孝感高质量发展。

5 年，166 亿元，孝感大手笔治理老澴河。在 2020 年，将实现“治理一条河、改变一座城”的目标。

规划先行，谋定而后动。依据 2012 年、2013 年、2017 年三个老澴河规划版本，孝感市推出《老澴河综合治理总体规划调整设计》，以老澴河综合治理为切入点，打造“宜居、宜业、宜游”的生态之城。

根据实施方案，老澴河综合治理将分拆迁安置、截污清淤、园林景观、基础配套设施、公共服务设施等环节，将“梳妆”37.33 千米水岸线、76.2 千米滨水绿带以及 17.5 千米绿道，建设 10 个社区公园、15 个街头公园，建设 44.8 千米市政道路、9 千米综合管廊及千余个公共停车位等。

市委、市政府作出了强烈的、清晰的、具体的部署，路线图、时间表、任务分解、项目要求等都交代得清清楚楚。

老澴河综合治理是重大生态工程、重大民生工程，是城市“双修”的重大建设工程。站在新的起点，秉承全新理念。不要看，不要等，更不能拖，只有一个字：“干！”苦干实干、快干大干、巧干科学干，加快速度改变现状。

以创新思维探索长效机制
——实行“五化”管理，强化责任落实和激励约束，倒逼作风转变

走进城西社区安置区工地，只见塔吊林立，人来车往，一片热火朝天的施工场景。

综合治理，拆迁先行。2018 年 4 月，老澴河综合治理工程打响拆迁头炮。

对重点工作、重点项目实行“五化”管理[①]模式，是孝感市在全省首创。

---

① “五化”管理：工作目标化、目标项目化、项目工程化、工程责任化、履责考核序位化。

聚焦方向不明、抓手不实、环节不畅、责任不清、考评不准等难点问题，市委、市政府将老澴河综合治理工程纳入“五化”管理项目，确保老澴河综合治理工程高位推进。

严格按照“五化”管理的要求，将责任落实到领导、个人、单位、内容、时间节点，强化激励约束，形成了责任清晰、奖罚并重、互利共赢的长效机制。

“五化”管理，确立了考核新导向，也带来了作风大转变。

按原定计划，城西安置区工程4月底招标施工单位。在“五化”立项时，城西社区拆迁时间前移，施工招标也跟着提前——4月初发布招标公告，4月16日预审完。4月17日项目建设方将预审材料上交，4月25日项目资金评审如期完成。

最终，城西社区作为拆迁示范区，在短短70多天时间内，拆迁户协议全部签订完成，拆除面积6万多平方米，创造了依法征迁的“城西速度”，为整个项目拆迁积累了经验。

“城西速度”的诞生，是孝感市以创新思维综合治理老澴河的一个缩影。

2017年，孝感市政府出台城区国有土地上房屋征收补偿标准。拆迁中，从测量面积到评估房屋，严格按照此项标准执行，一把尺子量到底，坚持政策公开、过程公开、结果公开。

创新工作方式，让群众主动参与拆迁，才能做到不逾期，不吃红牌、黄牌。

此前，孝感征收房屋，多采取先拆迁后安置的方式。此次一改惯例，先建房后拆迁。安置房什么户型、多大面积，建在什么地段，指挥部请群众代表开会商议，在不突破统一标准的前提下，充分尊重群众意见。

目前，全线9个安置区全面进场施工。

告别低矮平房，住上亮堂新楼，不久的将来，城西社区居民将率先分享城市双修的红利。

以统筹治理提升城市品位
——树立“一盘棋”思想，实现景色和人文美美与共，推进产城景融合

淅沥雨中，南门桥下的澴川公园，绿树成荫，即使在冬日，仍有片片小花绽放。河水清澈，芦竹、芦苇风中摇曳。晨练的居民，流淌的音乐，一片勃勃生机。

昔日的南门桥，石板桥破损，而今变为钢制景观桥梁。垃圾遍地、污水横

流的河道，也从“龙须沟”变成清水河。两岸已是岸绿景美的“生态乐园”。

而这样的情景并非独此一处。

老澴河综合治理工程是实施城市建设绿色发展和孝感城区截污治污工程三年行动的重大举措，是提升城市品位、改善生态环境、建设美丽孝感的必然要求，要依法合规，因地制宜，加快推进。市委、市政府庄严承诺，在“洁水”“治污”上下功夫，坚定不移地推进老澴河环境保护。

南城区已完成12条截污管网建设，剩下2条正在快速推进；槐荫河上游截污干管工程已完工，后湖渠污水收集管网工程正在实施；月湖黑臭水体治理已完工，后湖渠黑臭水体改造一期工程本月底完成；长征南路河南段、玉泉南路河南段等工程均已竣工交付使用……

沿河口闸一路向南，6.6千米的河段，分属书院街道和新华街道管护。每一段都竖立着河长公示牌，标注管护起止点、长度、三级河长、巡查员、保洁员、治理目标等。网格化管理三级河长体系，织密河湖责任网，以“河长制”促进“河长治”。

水生态综合治理等各项工作取得阶段性成效。

“水兴则城市兴”。孝感的城市发展，是城市与水共生。从唐宋至今，千百年来，澴水人家，逐水而迁，傍水而居。老澴河见证了城市的发展，记载了城市的兴衰，传承了城市的血脉。

金西门，银南门，热热闹闹小东门。

澴河边上的文昌阁、西湖桥、西湖酒馆，记载着孝感文运昌盛、宋太祖沽酒的传说。城隍潭码头见证了孝感曾经的繁华，麻糖厂记录着孝感近代工业的印迹。更不必说那九街十八巷的市井风情和百态人生。

延续文脉，挖掘孝文化资源，唤醒文化记忆，推动传统文化创造性转化、创新性发展。

根据规划，未来将艺术改造部分有价值的现状房子，开发建设特产民宿屋、孝感特色小吃店、手工艺品商业街、孝文化主题厅、名人纪念堂、麻糖工艺博物馆等。

“水清岸绿景美！”

随着老澴河综合治理工程的推进，承载着无数孝感人记忆的母亲河，正呈现出一幅清水潺潺、人水和谐的美丽画卷。

到2022年，老澴河综合治理项目完成。届时，老澴河、澴河、槐荫河将重塑孝感“两水夹城，一水中道”的水乡园林格局，成为城市新名片。

（本文引自2018年12月24日《孝感日报》，原标题为《一条河，擦亮一座城——老澴河综合治理工程启示》，有删改）

共同缔造和美城乡

——孝感市以“三项行动”全面推进乡村振兴

1300年前，唐朝诗仙李白在此酒隐十年，以文会友名扬天下。

76年前，中原突围战役在此打响，拉开了解放战争序幕。

40年前，青年农民杨小运在此超卖万斤粮，刻下农村改革的时代坐标，掀起社会主义劳动竞赛热潮。

这里是湖北省孝感市，地处长江以北、大别山以南，历史上曾是楚文化的重要发祥地之一，因孝子昌盛等孝文化感天动地而得名，是全国唯一以孝命名的地级市，所属7个县、市、区都是全国粮食大县。

党的二十大报告指出，着力推进城乡融合和区域协调发展。近年来，孝感市委、市政府坚持把“三农”工作作为应变局、开新局的“压舱石”，坚持共建共治共享，全域开展功能镇区、和美乡村、实力产业“三项行动”，以此作为实施乡村振兴战略的总抓手，开展共同缔造美好环境和幸福生活，积极打造乡村振兴的孝感实践方案。

“三项行动”是相互生发、互相映衬的有机整体，高位推进是前提，思想统一是基础，资金投入是保障，典型带动是引领。孝感市、县、乡成立高规格的领导小组全域行动拉练考评，坚持政府与市场相结合的思路，统筹整合各方面资金，形成了以公路带沿线、以镇区带乡村、以示范带全面、以创新带实践的良好氛围。孝感全市上下正在把认真学习宣传贯彻党的二十大精神与当前的工作有机结合，以学促干，硬账硬结，在乡村振兴大舞台比高低、展才华。全力打造武汉都市圈重要节点城市，助力湖北加快建设全国构建新发展格局先行区，在服从服务党和国家、全省工作大局中展现孝感担当。

初冬季节，一场喜雨过后，冬小麦、油菜田里吐露出片片新绿。行驶在孝感府河、澴河、富水河两岸，走访孝感多个县、市、区的乡镇、农村、企业，感受这个传统农业大市在新时代新阶段的新发展新变化。

重特色聚要素，功能镇区焕发新活力

“问余何意栖碧山，笑而不答心自闲。桃花流水窅然去，别有天地非人间。”走进碧山脚下府河之滨的安陆市烟店镇，黛瓦白墙仿古红长廊，店铺门口的酒旗随风飘展，诗词牌匾随处可见，集镇街区呈现出一派古风古韵，让人不由想起李白在此写下的名篇《山中问答》。当时诗人可曾想到他向往的天地，如今正以功能镇区建设的形态展现在世人面前。

乡镇集镇处于城乡之交，是孝感市各县城与乡村的重要节点，是支撑县域经济、服务农民的区域中心。近年来，孝感市坚持把完善集镇功能作为推进乡村振兴的“先手棋”，坚持规划先行，注重民心所盼，立足地方特色，强化环境和秩序整治，推动镇区集要素、促善治，改旧貌、换新颜，一批小城镇正焕发出勃勃生机。

“文化是一个地方的灵魂，在这里读李白、画李白、赏李白蔚然成风。”烟店镇干部介绍，在镇区改造过程中，没有大拆大建而是修旧如旧，既考虑成本又考虑效果，围绕“吃、住、行、游、购、娱”旅游六要素，补齐镇区的功能短板，在搞好硬件建设的同时，注重融入文化元素，坚持服务游客与服务居民并重。

烟店镇碧山村村民黄道新在镇区南街从事餐饮生意多年，他说，集镇沿街经过仿唐风格立面改造综合治理后，不仅居民生活环境明显改善，外地游客数量也在增多。有的农户开的农家乐不在街面位置，还主动申请按统一风格自行改造。李白文化在当地深入人心，大家纷纷创新推出李白特色菜品。

“美好环境与幸福生活共同缔造，一定是与群众的双向奔赴。”应城市田店镇富水社区党支部书记田建新感受颇深地说。富水社区地处应城市田店镇区的富水河畔，居民主要从事小作坊、手工业、务农等，之前由于城镇建设提速、管理水平滞后，集镇环境一度“脏乱差”。

如今，田店镇利用整合的项目资金，充分尊重群众主体地位，推进各类民生项目建设。新建的人文景观——蒲源龙滩文化广场，配备各类基础设施，满足居民日常休闲健身需求。河道两岸还建有水文化博物馆、蒲草景观带、蒲骚文化长廊等。

近年来，应城市串联沿富水河的景点，以应城千年蒲骚文化为底蕴，搜集、挖掘、整理与传承地方文化，沿河打造出“一带十园”的滨水文化景观长廊。

“每到周末，周边游客都是慕名前来，只为一睹‘水美田店’的风采。”田店镇党委书记张华平说。该镇以“擦亮小城镇”为抓手，聚焦群众“急、难、愁、盼”突出问题，让小镇发展“速度”与“温度”兼备，新建特色文旅项目正成为居民休闲的好去处。

府澴河，孝感的“母亲河”，流经孝南城区的一段水系称作老澴河，千百年来，孝感古镇依水而建，靠水而兴，见证历史变迁。随着城市扩张等原因，昔日码头盛景不再，治理老澴河成了沿河两岸居民多年来的热切期盼。

治理一条河，提升一座城。2018 年以来，孝感市将老澴河综合治理作为头号工程，投入 90 多亿元，治污、安居、存遗、配套、发展同步推进。沿线周边的农村住房，统一进行征迁人口近 4 万，相当于搬迁了一个小县城。如今，老澴河两岸已成为滨河公园，沿河两岸高楼林立，群众全部顺利回迁安置，“龙须沟”变为“景观轴”。

根据规划，还将修复老码头、重建文昌阁、修建麻糖工艺博物馆、文化旅游古镇等人文景观。黄昏时分，随周边居民一起在河边绿道散步，听居民感叹城乡环境日新月异的变化，一出门都心情愉悦。

11 月 1 日，老澴河岸边的孝感文昌阁新建工程喜封金顶。文昌阁曾是孝感的标志性建筑和珍贵的文化遗产，与武昌黄鹤楼遥相呼应，享有“南楼北阁”的美称，是孝感早期教育的摇篮，400 年来多次被毁又多次重建，具有深厚独特的文化底蕴和人文价值。

保护历史遗存，延续一方文脉。孝感市将深度挖掘孝文化资源，唤醒文化记忆。对百年以上的古树、年代久远的古桥、乡情浓郁的古井、残存至今的古庙古牌坊、凝聚记忆的古农具等六类农村古迹，尽快设立保护标志牌，建立农耕文化体验馆、展示馆、博物馆，要注重留住山水乡愁，将农耕文化传承下去。

近年来，孝感市加快完善功能镇区规划，对重要节点、重要街巷、重点区域进行了专项设计，按照“小而精、小而美、小而富、小而特”的建设思路，五年内将示范创建 103 个乡镇。孝南区肖港镇以“孝文化”为核心，构建康养服务体系。汉川市分水镇打造黄良辉文化等特色文化综合宣传平台，坚持镇区形象功能、建管并重。孝感市投入 2 亿余元升级改造的 113 个乡镇卫生院，在疫情防控和疫苗接种工作中发挥了重要作用。同时，孝感充分利用自然人文禀赋，将“孝”的基调、“绿”的理念、“美”的元素，以及红色、乡土文化融入城乡建设中，全面提升了功能品位，一批特色旅游小镇初具规模。

党建引领和美乡村，“四好农村路”连心富民

在大悟县宣化店镇河西村的中原突围纪念馆，广场上巍然挺立着一尊青年战士塑像，左手握拳，右手高举步枪，仿佛是在向人们传递着胜利的信号。“生存第一，胜利第一”。1946 年，中原突围出色完成了中共中央指示战略转移与战略牵制重任，拉开了解放战争的序幕。感党恩、听党话、跟党走，在孝感这片红色土地上，许多先烈积极投身革命大潮，谱写了可歌可泣的英雄赞歌，留下了丰富的红色资源。

“前人栽树后人乘凉，红色景区、和美乡村建设带动了村里的经济发展，我们是沾了革命先辈的光，一定要将红色精神传承下去。”如今在河西村等村党群服务中心的墙上，一幅幅党员群像图挂在醒目位置，亮身份表决心。作为全国“红色美丽村庄”建设试点村，河西村党支部书记吴成意说，中原突围景区每年接待游客约 50 万人次，拉动村民增收超过百万元。在党员带动下，村民都积极支持村庄建设，让村庄变得更红、更美、更宜居。

党的二十大报告中提出“建设宜居宜业和美乡村”，进一步拓展了农业农村现代化的丰富内涵和重要特质。和美乡村，“和”体现的是治理，“美”展现的是状态，洋溢着中华“和”文化的浓厚底蕴。当前，孝感市以湖北省委、省政府开展的“美好环境与幸福生活共同缔造”活动试点工作为契机，坚持党建引领，把和美乡村作为乡村振兴总入口，通过完善农村基层治理和人居环境整治，建设和谐美丽新农村。

孝感实施的“和美乡村”行动，是以美丽乡村建设为载体，以保障和改善民生、促进农村和谐稳定为根本目的。从群众门前屋后的小事切入，让农民自己参与进来，变“你和我”为“我们”，构建“纵向到底、横向到边、协商共治”的基层治理体系。要广泛依靠农民、教育引导农民、组织带动农民参与乡村规划、建设、管理全过程，持续打造各美其美、和美与共的乡村和谐净美环境，筑牢乡村振兴基石。

“村庄建设得这么漂亮，我们再不管好，对不起党和政府。”孝南区朱湖办事处三合新村村民万灿说。他是自愿担任乡村“林长”，负责苗木和绿化管理，认为创建和谐三合，需要大家一起出力。

三合新村是孝南区和美乡村的建设样板。2021 年，该村充分利用项目和政策支持，发动干部群众一起参与，提升村庄环境，让村庄旧貌换新颜。同时，

加强“红色驿站”建设，开辟专门的村民议事活动场所，推行“门前零堆放、环境零污染、安全零事故、邻里零纠纷、群众零上访”的“五零行动”。“这个行动样样都在理，自己村庄的事，我们自己不干哪个干，我带头。”老党员万保田说。

老党员这样一说，村民都跃跃欲试，推选出“湾长、路长、林长、园长、渠长、卫生片长”等“小六长”。设立村民道德红黄榜，由新乡贤每月评选“五零”模范户上红榜，乱丢乱扔等上黄榜。

目前，孝感市广泛开展“认领红色志愿岗，争当村湾‘小六长’”活动，各村分期发布公益岗招募令，村民踊跃领岗。孝南区有5200余名村民主动担任各类“小六长”，在村湾治理中发挥了积极作用。

应城市城中街道新河社区是个城中村社区，当前正以新河城市综合体建设项目为契机，规划新建村史馆、幸福食堂、文化活动广场等，坚持群众事群众管，已组建邻里守望、治安应急、公共事务、文体活动等志愿服务队，共建美好家园，赢得社区居民大力支持。

乡村因路而美好。驱车沿着全国“幸福生活小康路”孝昌县红色旅游线小观线行驶，山路蜿蜒，柏油公路两侧的绿色长廊分布着樱花、紫薇、桂花、海棠等树种。沿线村庄，一村一幅画、一路一风景，串起观音湖4A级景区与鄂豫皖革命根据地多个红色景点。

“昔日穷山沟，今日天堂村，有了这条路，村民受益最直接，让村在景中，景在村里，充分调动了村民参与乡建的积极性。”毗邻观音湖的孝昌小悟乡田堂村支部书记田双松介绍，村里成立村民理事会，引导群众积极主动投工投劳建设和美乡村，沿着旅游公路，种植月季花、杜鹃花、荷花等绿植。利用这条路，先后承办“孝行千里”湖北省自行车挑战赛、徒步大赛等活动，努力打造“宜居宜业宜游”的山区富美样板村。

高质量建设“四好农村路”，有利于全方位织密“乡村幸福网”。孝昌交通局局长饶勤秀称，近4年来，孝昌大力推进路长制示范线创建，作为统筹城乡融合发展、助推美丽乡村建设的重要抓手，打造完成忠孝两全路、美丽乡村路、绿水青山路等一批特色品牌农村公路，助力和美乡村建设。

近年来，孝感市将“路长制”与“三项行动”扭在一起抓，把“路长制”先发优势转化为推动“三项行动”的动力，持续建设和美乡村“景观路”。特别是立足孝感农村独特禀赋，把孝文化、红色文化、民俗文化与党建、廉政、法治等元素相融合，提升红色交通驿站等配套服务设施水平，串联“山水林田湖、城镇乡村景”，让示范路成为风景线，为乡村增绿、增美、增靓。

强链工程建设夯实产业根基，“孝”字号农产品异军突起

1981 年 9 月，当年的《孝感报》《人民日报》相继刊发了一条应城青年农民的消息《杨小运愿向国家超卖万斤粮——只求买到一辆“永久”牌自行车》。中国的改革始于农村，农村实行家庭联产承包责任制带来全面丰收，这是大好事。一时间，在各行各业引起强烈反响，大家积极开展大讨论，用实际行动迎接挑战，开展看谁对国家贡献大的竞赛，这成为农村改革中的标志性事件。

斗转星移。杨小运当年主要用人力种粮，自行车都属于中高档工业品的地方，如今已经大变样，应城市现已发展为全国最大的籼型糯稻生产县，成功创建全国主要农作物生产全程机械化示范县，形成糯稻产业链等实力产业，农村汽车消费增长迅速。

2022 年孝感（应城）中国农民丰收节、农村电商节上，应城糯米、黄滩酱油、汤池甲鱼、安陆神丹禽蛋、云梦鱼面、汉川藕粉……多家农业产业化龙头企业亮出各自招牌产品。近年来，孝感市坚持推进乡村产业振兴和农业供给侧结构性改革，因地制宜发展特色实力产业，培育更多新型经营主体，“孝”字号农产品为全国重要农产品保供作出了重要贡献。

走进应城市三合镇西头村的番茄公社数字农场，农业产业园区成为“网红打卡地”。园区由富邦公司投资建设，集成了 CT 扫描检测土壤养分、果实产量预测、无人机采摘等国内外“高精尖”农业技术，云计算、大数据、物联网、人工智能在农业生产经营管理中的运用示范，让人眼前一亮。

“就像人们做 CT 一样，对于每一块新开垦的农田土壤，都要做一次深层次体检，获取相关指标参数，反映土壤健康状况。”园区技术总监刘泉博士介绍。利用该技术，富邦公司已对孝感地区 100 万亩水稻田进行全面体检，制作出数字土壤地图。以前种植往往凭经验，如今用数据来说话，缺什么补什么，给土壤“对症下药”，糯稻产量较之前明显提高。

“数字农场正是数字化农业的集中展示，将积极主动做好土地流转等项目配套工作，培植实力壮大产业。”三合镇干部对产业建设憧憬满满地说。该镇按照因地制宜、体现特色，建得起来、管得长远的思路，推动一村一品牌、一村一产业，扶持糯稻加工、茶叶、豆皮等产业加快发展，为应城冲刺县域经济

全国百强贡献三合力量。

应城有“膏都盐海”之称，是中部地区县域经济百强县市。全国县域经济发展竞争激烈，如何奋力突围？

首要是紧扣发展第一要务，突出项目为王，壮大实体经济。应城着力推动盐业化工、精细化工、绿色建材等优势产业高端化、智能化、绿色化转型，力争建成千亿级绿色化工产业集群，全力打造国家级现代化工产业集群核心区。加快构建现代化产业体系，聚焦新一代生物技术、高端装备、新材料等产业，加速引进一批含金含新含绿量高的项目。全力服务孝感打造武汉都市圈重要节点城市，大力实施强县工程，推动区域发展布局成势见效，用实干实绩书写应城高质量发展精彩答卷。

近年来，孝感市围绕壮大乡村实力产业，出台培育支持农业产业化龙头企业发展，推进农业产业强链建设的实施意见，提出重点打造“五个一”强链工程，即“一袋米、一头猪、一枚蛋、一杯茶、一篮菜”5 个过百亿农业产业链的工作目标。围绕这个目标，孝感市加快国家和省级农村创新创业园区、农业产业化示范园区、农产品加工园区、现代农业产业园建设，构建现代农业发展布局。

乡村振兴，产业兴旺是重点。云梦县立足产业优势，对接湖北省、孝感市农业产业强链工程，聚焦绿色蔬菜、优质糯稻、现代畜禽、特色水产四大产业，发展电商引链、打造品牌壮链、建强园区补链，跻身全国县域电商竞争力百强县。汉川市依托武汉市农科院蔬菜研究所技术团队，全力推进莲藕特色优势产业发展，打造“汉川莲藕”区域公用品牌，莲藕产业年产值已超 10 亿元。

发展实力产业，是打造功能镇区之基，是建设和美乡村之本，是推进农业农村现代化的重要引擎。孝感市现有规上农产品加工企业 536 家、省级以上龙头企业 101 家、国家级 7 家。全市农民专业合作社、家庭农场等新型经营主体过万家。近年来，充分发挥香稻、糯稻、茶叶、禽蛋、水产等产业优势，做强孝感香米、孝感红茶等 8 大区域公用品牌。2022 年 8 月，“孝感红茶”牵头组织的湖北茶叶首趟中欧专列出口俄罗斯。孝南区正在建设的首衡城项目投资 300 亿元、占地 8000 亩，建成后将是华中地区最大的农产品商贸流通平台。

在湖北省乡村振兴局指导下，孝南区政府与湖北智慧乡萌研究院等智库企业合作，在孝南首衡城共建国家开放大学现代供销培训学院孝南乡村振兴实习实训基地，强化产业和人才这对翅膀，挖掘本土人才潜力，释放乡村振兴内生动力。

孝感市委要求，各地在实力产业的发展壮大过程中，要强化底线思维，继续抓好脱贫地区的产业、就业和消费帮扶工作，做好巩固拓展脱贫攻坚成果与壮大实力产业、推进“五个一”强链工程的有效衔接，促进共同富裕，让“三项行动”更有情怀、更有质感。

“孝感实施乡村振兴‘三项行动’，要坚持党委主抓、政府主导、农民主体、社会参与、市场配置，要素资源全保障、干部群众齐发力，凝聚乡村振兴强大合力。”孝感市政府负责同志表示，当前，孝感要自觉用党的二十大精神统一思想和行动，笃行推进高质量发展，坚持把发展经济的着力点放在实体经济上，切实干好当下的事，以“三项行动”推进乡村全面振兴。下一步，要继续坚持农业农村优先发展和城乡融合发展，巩固拓展脱贫攻坚成果，促进“农业大市”向“农业强市”迈进。

2021 年，孝感市“三项行动”以高分顺利通过湖北省委特色工作目标考核，先后被湖北省委、省政府办公厅简报刊发推广经验做法。孝感通过持续深化“三项行动”，全面建设功能镇区、和美乡村，一批实力产业发展壮大，有效地把遵循政策、规律和群众意愿贯通起来，把历史、现实和未来贯通起来。进一步激发党员干部群众共同缔造美好环境与幸福生活内生动力，有效破解乡村振兴短板问题，在推进城市乡村协同发展基础上，为推进就地城镇化和城乡统筹发展指明了有效路径，逐步实现共同富裕目标。

（本文引自 2022 年 11 月 28 日《农民日报》，原标题为《全域缔造和美城乡——湖北省孝感市以“三项行动”全面推进乡村振兴探访》，有删改）

打造武汉都市圈重要节点城市*

2022年6月，湖北省第十二次党代会赋予孝感“打造武汉都市圈重要节点城市”使命。2023年8月19日，《中共孝感市委、孝感市人民政府关于推动城市和产业集中高质量发展，做大做强武汉都市圈重要节点城市的实施意见》审议通过，强调要以落实全省流域综合治理和统筹发展规划纲要为总抓手，推动城市和产业集中高质量发展，构建人口集中、产业集聚、功能集成、要素集约的发展格局，加快打造武汉都市圈重要节点城市。

构建紧密产业链条

日前，湖北省201家省级及以上农业产业化重点龙头企业齐聚孝感孝南区，携手首衡城·华中国际食品产业新城共觅商机，以期构建更加紧密的区域产业链供应链，助力更多“鄂味”走出湖北、走向全国、香飘海外。

作为孝感武汉同城化首个示范区，首衡城·华中国际食品产业新城投资300亿元，规划占地8000亩；项目全部建成后，年交易量将突破千万吨，交易额将突破千亿元，成为武汉“平急两用”农产品保供重要战略基地。

“首衡城·华中国际食品产业新城项目的筹划和实施，为深入推进孝汉两地‘规划同编’进行了一次良好的示范。”首衡集团董事长米亚林介绍，项目区位适合产业聚集，并且处于武汉都市圈1小时鲜活农产品物流圈内，可为武汉提供15天以上农产品供应，平台扩容升级后将辐射整个华中地区，为湖北以及周边省份提供民生保障。

不仅仅是农副产品和商贸物流，围绕“总部在武汉、配套在孝感，研发在武汉、转化在孝感，股东在武汉、资本在孝感，市场在武汉、供应在孝

* 2022年6月，湖北省第十二次党代会提出“支持孝感打造武汉都市圈重要节点城市”，这是省委把握发展大势，基于孝感在武汉都市圈的区位、功能和作用，作出的战略定位；是对孝感服务湖北建设全国构建新发展格局先行区大局的路径指引。

感”，孝感主动对接武汉产业发展布局，加快与都市圈产业链协同和供应链合作的步伐。

抢抓“汉孝随襄十”万亿元级汽车产业走廊机遇，孝感正积极布局汽车及零部件产业。加快研发生产纯电动客车、物流车、中重型货车及氢燃料电池重型货车等新车型，打造千亿元级新能源锂电池产业集群，大力发展汽车模具、汽车线束、内饰等汽车配件产品，力争 2025 年汽车及零部件产业产值达到 800 亿元以上。

依托“光谷产业紧密协作区”，孝感突破性发展光电子信息产业。巩固传感器、显示面板等优势产品，推进光电子信息在激光、电光源、光电元器件、光通信、电子材料、智能终端六大领域突破性发展，力争 2025 年光电子信息产业实现营业收入 600 亿元。

2022 年，孝感承接武汉产业转移项目 315 个，在建孝汉合作产业园区 21 个；孝感农产品供应量占武汉市场份额的 20% 以上；孝感 38% 的工业产品直接进入武汉市场，武汉制造业对孝感的采购量居省内城市第一。依托武汉，发展孝感，2018 年以来，孝感连续五年跻身全国先进制造业百强市。

挺起工业发展脊梁

“点火成功，正式投产！”6 月 28 日，楚能新能源（孝感）锂电池产业园，全自动、数字化、智能化的超级工厂机器轰鸣。在电芯车间，正负极等活性物质经过合浆、涂布、辊压、模切、超声焊、注液、容量测试等十多道工序后，一个个电芯便制作完成。

“与行业相比，每 GWh（吉瓦时）厂房面积减少 30%、产线全自动化生产效率提升 20%、自动检测点增加 20%、单位制造成本及能耗降低 20%。”楚能新能源董事长代德明介绍，楚能新能源孝感基地一期项目完成投资 100 亿元，智能工厂按照行业最高标准打造，可年产储能及动力电池 30GWh，预计年工业产值将超过 200 亿元，带动 1 万人就业。

当下，新能源产业正成为全球新的风口，以新能源汽车为代表的绿色交通和洁净能源，展示出了巨大的产业前景。

据该市临空区负责人说，楚能新能源锂电池产业园项目规划建设产能 150 吉瓦时，项目达产后每年工业产值超过 1500 亿元，每年税收贡献 75 亿元以上，带动就业 2.5 万人以上，是当前孝感投资总量、投资强度最大，科技含量最高，预期税收贡献最大的工业智造项目。将推动华中地区新能源汽车及零部件产业倍增发展，有力带动区域产业链向更高层次挺进。

2023 年 2 月，孝感召开工业高质量发展大会，18 条“赋能挺脊”行动措施迅速实施。该市统筹实施投资过亿元工业项目 400 个以上，建立“每两天投产一个亿元以上工业项目”调度推进机制和重大项目包保服务机制，加快建设一批 50 亿元级、100 亿元级重大项目。

孝感还牢牢抓住科技创新这个“牛鼻子”，推动光电子信息、装备制造两大战略性新兴产业倍增发展。

走进华工高理电子有限公司刚投产的新能源汽车 PTC 加热器扩能生产车间，生产线运转有序，工人们正在赶制比亚迪、广汽、吉利、理想等客户的订单。

续航里程不长，充电时间过长，是新能源汽车的“痛点”。2023 年年初，华工高理推出 1800V 高压 PTC 芯片及 800V 平台加热器，支持电池快充水平提升 4 倍，技术水平国际领先。凭借新产品的出色表现，带动公司新能源汽车 PTC 加热器销售全线飘红，上半年销量同比翻番，占据国内市场 60% 份额，成为全球最大的新能源汽车 PTC 加热器制造基地。

上半年，孝感开工亿元以上项目 395 个、总投资 1790 亿元，投产亿元以上项目 103 个、总投资 974 亿元。全市新增规上工业企业 217 家，净增规上工业企业 150 家，均居全省第 2 位。

持续激发市场活力

地区生产总值增长 6.6%，增速居湖北全省第 2 位；规上工业增加值、固定资产投资、社会消费品零售总额增速均居湖北全省第 3 位。这是孝感市交出的一份“半年报”。

在外部需求走弱、经济仍处恢复期、周期性结构性矛盾交织叠加的情况下，孝感经济逆势增长，来之不易。

“躺平没有出路，等待没有前途，躺赢没有可能。”孝感市新春第一会，锚定“打造武汉都市圈重要节点城市”目标定位，提出“敢、快、干”，跳起来摘桃子，奋力冲刺经济总量 3000 亿元。

孝感拉开拼搏的大幕：以奋进的姿态，主动与优者对标、与强者比拼、与快者赛跑。

“敢”字当头。“能开则开、能早则早、能多则多、能快则快。”孝感以项目建设大提速培育发展新动能。政府承诺提供一处办公大楼，客商上午签约，下午就进去办公。除了定制化的优惠政策，超高的办事效率让人民控股最终下定决心落户安陆，原计划建在周边城市的项目也全部迁到安陆，投资额从30亿元增加到122亿元；在孝昌县，淑尔家居智能杯项目仅用8个月就实现一期投产、二期建设启动。

“快”字为要。招商大会，1049名招商大军启程出征，开展招商引资“比拼跃升”行动；金融大会，银企精准快速对接融资逾千亿元。孝感各地竞相开启“追逐赛”。全面梳理预增产值2000万元企业，实行台账管理，对重点企业投产、进规工作实行全程跟踪包保，实行常态化监测和“月调度”，“一企一策”稳产增产。孝感全市展开“看比学促”拉练，行动快、发展快的先进典型领到流动红旗，慢一步、迟一分的县市制定措施迎头追赶。

“干”字托底。孝感市委、市政府主要领导深入泥泞的工地、繁忙的车间，问业主所盼、解项目之难，变“催着干、推着干”为“带着冲、一起干”。全市向“慢作为”“溜肩膀”“不下深水”“低标准”“拖后腿”宣战，引导干部到一线啃“硬骨头”、打“攻坚战”。699名干部“揭榜挂帅”勇担百余项重大工作，147名在招商引资、项目建设等工作中表现突出的干部得到提拔重用。

2023年1月至8月，孝感组织开展政企“早餐会”13场，帮助企业解决实际问题20余个；出台优化营商环境“50条”，加快打造市场化法治化国际化的营商环境，持续激发市场活力；出台创新服务民营经济“10项制度”，进一步促进民营经济高质量发展；推出降低企业用能成本“17条措施”，进一步降低企业用水用电用气成本。

信心比黄金更宝贵，良好的营商环境升腾发展“强磁场”。2023年上半年，孝感市各类经营主体达47.5万户，同比增长20.18%，增幅居湖北全省第一。

（本文引自《经济日报》2023年8月30日第8版，原标题为《产城融合格局新——湖北孝感打造武汉都市圈重要节点城市》，有删改）

话说30年

30TH ANNIVERSARY OF XIAOGAN

作为时代的亲历者、见证者、建设者，无论是党员干部还是普通一员，他们都曾为孝感建设发展贡献过智慧和力量，都是最值得尊敬的人！

老干部是党和国家的宝贵财富，是新时代孝感的奠基人。在建市 30 周年之际，聆听老干部忆往昔峥嵘岁月，可以让我们更加真切地感受到老干部、老同志为全市人民的福祉付出的艰辛努力、作出的重大贡献。

“两代表一委员”（即党代表、人大代表、政协委员）有的工作在田间地头，有的奋战在社区一线……无论身处何地，他们都心系民生。听一听他们心中的孝感，必然会有新感受。

各行各业的先进模范，是推进社会主义现代化建设的排头兵。他们立足本职，在平凡岗位上创造出不平凡的业绩。孝感，正是在类似他们的普通劳动者手中一天天长高、长大、长壮的。

企业家们是繁荣经济、促进发展的骨干力量。企业在他们手中成长壮大，走向全省乃至全国。孝感，在他们心中是一片充满生机与活力的投资沃土。

接下来，让我们听一听他们心中最值得回味的事。

人物名片：

张文启，1993年孝感建市以来，曾先后任孝感市人民政府副市长兼孝昌县县委书记、市委副书记、市政协主席，1996年，荣获“全国优秀党务工作者”称号。

建设新县谱新篇

– 张文启 –

1993年，国务院批准孝感“撤地建市”，撤销原县级孝感市，设置孝南区和孝昌县。

2023年是孝感建市30周年，也是孝昌建县30周年。孝昌建县，对孝感发展具有重要推进作用。作为1993年孝感“撤地建市”进行区划调整的执行者和参与者，我见证了30年来孝昌的奋斗历程和孝感的喜人巨变。

1993年6月15日，作为孝感市副市长兼孝昌县第一任县委书记，我与362名选调干部一道，肩负建县使命，奔赴花园镇，与60万孝昌人民一起，开创建县大业。

孝昌县是由原县级孝感市北部集山区、库区、老区于一体的12个农业乡镇组成的，属国家级重点贫困县。当时，建县面临的困难很多：农村经济落后，农民人均纯收入只有397元，16.3万人还处于温饱线以下；工业水平低下，县直工业产值仅有1800万元；财政拮据，收入只有900多万元；人均储蓄113元，不足全国平均水平的十分之一；城镇化水平低，基础设施欠账多，文化社会事业发展滞后，与建制县需求差距很大。

但是，我们也清楚地看到，孝昌是片充满希望的热土。这里区位优越，资源丰富，红色基因能量大，全民建县热情高，当我们选调干部抵达花园镇时，万人空巷，张灯结彩，夹道欢迎，场面十分感人，充分反映了广大干部群众对建县的期盼，这些就是我们建县的有利条件和动力。

经过两个多月的紧张筹备，孝昌县第一次党代表大会和首届政协委员会议、人民代表大会相继召开，选举产生了首届县领导班子成员，审议通过了建县大纲，制定了建县目标和发展路径，确立了“全面放开放活”的建县基本指导思想。此外，我们决定实施精神立县人本战略，倡导了孝昌精神，确定了县歌、县标和县花，努力提振全县人民建县创业的精气神。

为了加快实现建县的宏伟蓝图，我们在全县开展了“我为建县作贡献，建县促我奔小康”的大讨论，形成“群策群力建新县，全民建县立新功”的浓厚氛围。澴河两岸摆战场，城乡统筹一起上，六十万人同心干，敢教孝昌换新天。整个孝昌大地呈现一片热火朝天的建县景象。

经过三年的艰苦奋斗，我们建成和推进了一大批打基础、利长远的工程项目，各项建县事业取得了长足进步。1996 年全省扶贫工作现场会议在孝昌召开，孝昌县代表在大会上作典型发言。

1998 年，我因工作需要到孝感市工作。此后，我一直心系孝昌，关注孝昌的发展与成长。

30 年来，孝昌历届县委、县政府，不忘建县初心，牢记建县使命，弘扬孝昌精神，团结带领全县人民，一届接着一届干。经过一次又一次创业，孝昌实现了一次又一次飞跃。到 2022 年底，全县国民生产总值、财政收入、农民人均纯收入分别是建县之初的 46 倍、188 倍、38 倍。如今的孝昌，已实现整县脱贫“摘帽”，经济社会各项事业取得全面进步，还被评为“中国最具幸福感县市”。

孝昌建县 30 年的变化是孝感建市 30 年发展的一个缩影。当前，全市各地都在深入学习贯彻党的二十大精神，锚定新目标，建功新时代，为打造武汉都市圈重要节点城市而竞相奋进。我们有理由相信，明天的孝感会更美好。

（赵彩云 整理）

人物名片：

姜益泉，湖北工程学院生命科学技术学院、农学院院长、教授，获湖北省科技进步一等奖、三等奖各1项，孝感市科技进步二等奖2项。曾任民革孝感市委会主委，孝感市人大常委会副主任，其间他利用专业特长，建言献策，参与孝感城市建设，开展植物资源普查和特色植物的开发与利用。

携手发展赢未来

— 姜益泉 —

一直以来，湖北工程学院紧密结合实际，不断提高科研为地方经济社会发展服务的能力，重点开展十大服务地方专项工作，包括科技服务市直三区及县域经济发展、科技兴农、“我选湖北·立业孝感”、“智慧城市”建设、教育精准扶贫、“汉孝科技人才一体化”、中华孝文化名城建设、全域旅游发展、孝感市平安法治建设、“两资一促”等。

1987 年 6 月从湖北大学毕业后，我成为湖北工程学院（原“孝感师专”）的一名教师，始终在教学科研一线，历任生物系主任、生命科学技术学院副院长、院长。高校助力地方经济社会发展，我既是见证者，也是参与者。

2020 年 10 月，为挖掘大悟野菊花资源，支持做成大悟特色产业，助力大悟乡村振兴，我校自筹经费，申报并获批湖北省优秀中青年科技创新团队项目。我带领生科院 12 名教授、博士组成技术攻关团队，分赴 300 多个采集点，完成了大悟县全域野菊花资源调查工作。同时开展产业化关键技术攻关，重点围绕蒙花苷提取工艺开展研究，筛选优质野菊花种质资源 23 份（蒙花苷含量 ≧ 2%），申报新品种权（湖悟野 1 号）1 个，完成优质高产种植技术集成、药效成分（蒙花苷）的高效便捷提取工艺研究，申报国家发明专利 1 项，获批南非专利 1 项（国外专利）。下一步，我们将与大悟县中医医院、吕王镇等单位联合开展优质野菊花试种、推广和药效成分高效、绿色提取等工作。

近年来，我校多个博士团队在油菜产业、茶产业、银杏产业、糯稻米产业、蔬菜产业的技术研究和推广上成果显著。未来，我们将进一步深化校地产学研合作，促进孝感高质量发展。

（侯伶俐 整理）

人物名片：

李跃念，曾任孝感市卫健委党组书记，现担任孝感市卫健委关心下一代工作委员会主任。

全民健康托起全面小康

– 李跃念 –

健康，承载着人们对美好生活的向往和追求，没有全民健康，就没有全面小康。人人健康、人人幸福，这是时代的呼唤，也是百姓的期盼。新医改之前，随着市场化和产权改革的推进，公立医疗机构的逐利机制逐渐显现，群众看病难、看病贵这一问题逐渐凸显。

为破除公立医院逐利机制，构建布局合理、分工协作、服务优良的医疗服务体系和分级诊疗就医格局，有效缓解群众看病难、看病贵问题，2012 年 9 月 10 日，我市率先在应城、孝昌的县级综合医院启动了第一批县级公立医院改革试点；2014 年 10 月 30 日，汉川、云梦的人民医院和第一批改革县市的中医医院参与到第二批县级公立医院改革浪潮中；2015 年 10 月 30 日，安陆、大悟启动县级公立医院综合改革；2017 年 7 月 31 日，我市公立医院综合改革全面推开。目前，我市实施改革的城市公立医院达到 13 家，县级公立医院 23 家，实现了包括综合医院、中医医院、妇幼保健机构、专科防治（院）所、专科医疗机构和企事业单位、高校开办的医疗机构的全覆盖。

改革过程中，公立医院全部取消药品、医用耗材加成，实行零差率销售，全面执行药品采购“两票制”，破除了以药养医；完善公立医院管理体制，建立合理补偿机制，突出“优绩优酬”的动态分配机制，有效调动了医务人员工作积极性；推动建立分级诊疗制度，在全市组建网格化医共体 13 个，建成检验检查中心、消毒供应中心、医疗质量管理中心、后勤服务管理中心等业务中心 68 个。

截至 2022 年末，我市每千人口病床数达到 6.22 张，每千常住人口执业（助理）医师达到 2.34 人，每千常住人口注册护士达到 2.82 人；医疗卫生单位房屋建筑面积达到 300.57 万平方米；人均预期寿命达到 79.22 岁，婴儿死亡率和 5 岁以下儿童死亡率分别为 1.81‰、3.23‰。全市的健康服务水平大幅提高，医疗保障能力全面加强，群众就医体验大幅提升。

三十载辛勤耕耘，三十载春华秋实。孝感医疗卫生事业发生了巨大变化：从过去简陋的医院环境，到如今林立的现代化大楼；从落后的医疗仪器，到国内外先进设备；从看病难、看病贵，到看病方便、费用降低，医疗服务水平大幅提升。我市卫生健康事业的快速发展为人民群众带来了巨大的健康红利，以人民健康为中心的新医改成果，极大地提升了我市人民的获得感和幸福感，群众多层次、多样化的健康服务需求不断得到满足。如今，群众看病更便捷、负担更减少、住院更省心，服务更齐全、功能更完善、结构更合理的医疗网络遍布城乡大地，全民健康步伐坚定向前。

（佘玥 整理）

人物名片：

周明祖，曾任孝感市城乡建设委员会主任，市人民政府副秘书长，市人大财经委员会主任，现任孝感市关工委常务副主任。

喜看 30 载　扬帆再远征

– 周明祖 –

记得刚建市时，孝感城区只有30平方千米、约30万人口、10余座高层楼房，只有城站路、长征路、北京路等几条主路，公共交通就是200来辆“麻木”和四路公交车，老澴河还是臭水沟……1992年，孝感成功承办了全国第二届农运会，却被美国记者嘲讽为“穷乡僻壤”。

1998年，我开始担任市城乡建设委员会主任。当时我提出“规划是龙头，建设是基础，管理是关键”的思路，得到市委、市政府的肯定和支持。

1999年，尽管当时经济非常困难，但是我们利用8个月时间建成了当时在全国都颇具规模的市人民广场，修通了城区第一条柏油马路，创成了省级卫生城市……老城区环境不断改善，城市形象大幅提升，人民业余生活也开始丰富起来。

30年来，历届市委、市政府高度重视城市建设与管理工作，坚持一张蓝图绘到底，一步一个脚印，推进孝感由小县城逐步向中等城市、现代化大城市发展。

30 年栉风沐雨，孝感的发展日新月异、变化翻天覆地。我们看到：

孝感城“长大了”——

主城区东进、南拓、西联、北延，拉开发展骨架，面积翻了 4 倍、人口规模达到近百万，实现了由小县城到中等城市的跨越。

孝感城“长高了”——

近千座现代化高楼拔地而起，高速、高铁、城铁穿城而过，立体交通畅达八方；大型商超、学校、医院、城市综合体等配套齐全，城市功能逐步完善、品位大幅提升，市民生活水平、文明程度显著提高。

孝感城“长美了”——

中华孝文化名城建设扎实推进，一草一木一景，充分彰显人文底蕴。全国文明城市、国家卫生城市、国家园林城市、国家森林城市、国家生态文明城市建设示范市创建走深走实，城市绿化率达到 60%，空气质量明显改善，邓家河、朱湖、王母湖等湿地公园，“呼吸吐纳”间，点亮生态之城。老澴河实现华丽转变，昔日“龙须沟”变成水清岸绿景美的城市景观带……

细数变化，千言万语道不尽。作为孝感发展的见证者、参与者，我倍感自豪。作为退休老同志，我对孝感的发展和未来充满期待和信心！

（王悦 整理）

人物名片：

韩传银，曾任孝感市教育局党组成员、副局长、正县级督学，现任孝感市教育局关工委常务副主任。

喜看孝感教育大跨步

- 韩传银 -

从事教育工作20年，我见证了孝感基础教育从普及到提高，教育由“战略首位”提升到“优先发展”的跨越式发展。

1994年，我到市教委工作。当时孝感刚建市不久，正开展一场扫除青壮年文盲、普及九年义务教育（当时简称“两基”工作）的攻坚战。部分青壮年——特别是妇女同志通过在扫盲班学文化、学技术，改变了命运。通过努力，1998年我市全面完成普及九年义务教育任务，小学和初中辍学率持续下降。2001年，市教委被教育部表彰为“全国推进‘两基’工作先进单位”。

20世纪90年代中后期，我市持续加大教育投入，办学条件极大改善，变化最大的是农村学校。如此前孝昌王店、安陆孛畈等地农村学校，校舍破旧、桌椅不全不说，还没有宿舍。家远一点的孩子在学校蒸一钵饭，就着咸菜当午餐。多年来，我市先后实施中小学（幼儿园）新改扩建工程、“全面改薄”工程、标准化学校建设工程、教师周转房建设工程、留守儿童关爱工程等，使校园面貌和办学条件发生了翻天覆地的变化。从2007年春季起，全市形成了以政府为主导、学校和社会积极参与的覆盖学前教育至高等教育的学生资助政策体系，实现了从学前到高等教育所有学段全覆盖、公办民办学校全覆盖和家庭经济困难学生全覆盖。自 2016 年起，孝感实现县域内城乡义务教育学校建设标准、教师编制标准、生均公用经费基准定额标准、基本装备配置标准统一和“两免一补”政策城乡全覆盖。

到 2018 年，全市宽带网络接入中小学校。教育信息化手段的运用，让农村娃和城里娃能够同上一堂课，实现优质教育资源共建共享。

（刘艳、江舟 整理）

人物名片：

付立贵，曾任孝感市劳动就业局局长，市人力资源和社会保障局副局长、党组成员，市人力资源和社会保障局二级调研员。2021年4月，被湖北省委、省政府表彰为全省脱贫攻坚先进个人。

三十年筑人社梦

- 付立贵 -

时间是开拓者前行的刻度，也是奋斗者筑梦的见证。在人社系统工作30余年，我亲历了人社部门数次机构改革，见证了孝感人社30年的发展变化。

30年来，在数字的增减升降间，透视人社之变——

全市累计实现城镇新增就业129万人，累计促进失业人员再就业92万人，帮扶困难人员就业77万人。

累计开展补贴性职业技能培训58万人次，技能劳动者总量增至45万人，高技能人才达到14.56万人。

企业职工基本养老保险参保人数从17.28万人增加至77.53万人，年均增长11.6%。

累计立案查处和协调处理欠薪案件27320件，为21.33万名劳动者追发工资待遇14.79亿元……

30年来，我们人社系统扛起保障和改善民生重大政治责任，聚焦就业创业、社会保障、人才人事、劳动关系等领域任务和问题，奋发向上、敢为善为，将人民群众的获得感持续拉升、幸福感稳稳托举、安全感切实筑牢。

30 年弹指一挥间，一路走来，梦想与现实交织，磨砺与前行相伴。看到人社系统今非昔比的变化，我为自己曾经是人社系统的一员而感到骄傲、自豪。30 年更是孝感市蓬勃发展的 30 年，看到孝感市日新月异的变迁，我更为自己在孝感这片土地上工作、生活而倍感荣幸。

（李峰、叶红 整理）

人物名片：

陈明君，现任汉川市汉川泵站站长。2020年防汛抗洪期间，他以过硬的指挥能力和顽强扎实的工作作风，有效保障了泵站机组的安全运行。

守护一方江河安澜

- 陈明君 -

1997年，我刚走出校门，就到汉川市城隍水利站工作，成为一名水利工作者，26年来，有幸参与汉川水利事业的发展，一路见证民生水利带给群众的幸福感。

汉川地处汉江、汉北河下游和汈汊湖流域出口，地面高差大，素有“水袋子”“旱包子”“洪水走廊”之称。新中国成立前，汉川主要有襄南南屏水系和襄北汈汊湖两大水系，洪涝灾害频发。当时，民间流传着歌谣：“南水涨，北水凑，坛子、罐子打汩泅。”

20世纪90年代，汈汊湖流域防洪排涝能力不足十年一遇，泵站提排能力不足、堤防防洪标准偏低，导致汈汊湖地区险象环生，人民群众生命财产安全受到严重威胁。我积极参与汉川泵站更新改造项目编制工作。2007年，汉川泵站更新改造项目实施，泵站机电设备提挡升级，汈汊湖流域防洪排涝标准达到十年一遇。

自2007年更新改造以来，汉川泵站部分建筑物水下部分存在不同程度的碳化、机电设备及闸门老化等问题，尤其是汉川一站经常超驼峰运行，已影响泵站防洪安全。2020年，汉江、汈汊湖流域发生较大汛情，汉川泵站更新改造迫在眉睫。

我积极与省水利厅对接，希望将汉川泵站更新改造项目列入新一轮水利补短板重点项目。2022年，泵站再次实施更新改造。工程完工后，将彻底解决汉川一站超驼峰安全运行问题。

（郑玉欢 整理）

人物名片：

仰媛媛，2009年起在安棉纺织有限公司工作，现任纺纱分厂厂长助理。曾获评全国五一劳动奖章、全国劳动模范、全国三八红旗手、湖北省劳动模范、荆楚楷模，当选党的十九大、二十大代表。

别具匠心织好一根纱

– 仰媛媛 –

2009年，我应聘到湖北安棉纺织有限公司工作，至今已14个年头。

纺织厂运转三班倒，挡车工每天上班8小时期间得脚不停步、手不停活，步行距离相当于要走20公里路。说实话，其间我也差点放弃，但我的师傅、老纺织女工黄俊华的话及时点醒了我，她说："见到困难就躲的人，就算以后不干这一行，也成不了大器。好好干，行行都能出状元！"

要想成为一名优秀的工人，我认为，除了要对工作充满热情，还要善于学习、勇于创新。

一般人60秒接10个断头，我只用30秒；一般人只能看9台机器，我最高时能看12台，产量达到定额的120%以上。在2009年、2010年和2011年的公司技能大赛中，我连续三年摘得"工人技师"等荣誉称号。

2013年，我成了一名质教员，负责挡车工的技术指导。当年5月，我成了一名光荣的共产党员，无比自豪的同时，也深感责任和使命越来越大。

为降低成本，提高效益，我根据自身实践，反复琢磨，改良创新了机台清洁工和细纱挡车工操作法。这一操作法让我们纺织工人的培训时间由 3 个月缩短到两周，综合生产效率提高了 80%，一线纺织工人工作量减轻 50%，工人收入增加 20%，企业年节省成本 200 万元。该操作方法被全国纺织系统命名为“仰媛媛操作法”，并在全国推广实施，我感到很荣幸，同时也更加努力工作，想办法进一步提高生产效率。

我期待，“仰媛媛工作法”在新征程上能绽放出新的光彩、迸发出新的力量，示范带动身边工友们为孝感制造业高质量发展贡献新时代产业工人的智慧和力量。

（闵丽萍 整理）

人物名片：

谢志斌，现任孝感市康复医院党委副书记、院长。曾获得全国抗击新冠肺炎疫情先进个人、全国优秀共产党员等荣誉，当选第十四届全国人大代表、湖北省第十二次党代会代表。

“医”路见证发展

－　谢志斌　－

1999 年 7 月，我从原同济医科大学临床医学专业毕业后，来到孝感市中心医院内科系统工作。那时，医院仅两栋楼，一栋 5 层的门诊楼和一栋 8 层的住院楼，而且还没有进行亚专业分科。

2003 年“非典”暴发时，医院呼吸内科比较薄弱，只有两台呼吸机，会操作的人员更是寥寥无几。次年，我被选派到上海长海医院呼吸内科进修学习。其间，我学会呼吸机、电子支气管镜、胸腔镜等操作技术和呼吸重症抢救等相关技术。

2005 年 8 月，我进修结束回来时，医院呼吸科专业医生不足 5 人，呼吸与消化两个专业床位数共 40 张。在科主任的统筹下，我迅速带领团队进行培训学习，很快，无创呼吸机的操作普及起来，包括呼吸的一些介入操作，比如支气管镜肿瘤的消融、胸腔镜等治疗技术也逐渐建立起来。发展至今，中心医院仅呼吸与危重症医学科的医疗护理人才就达到 90 人，医疗业务用床 174 张。即便是肺癌晚期的患者，通过靶向治疗、免疫治疗，生存 5 年以上并非罕见。

建市以来，尤其近 10 年，我市医疗卫生事业快速发展，全市各级医院建立了慢性呼吸疾病诊治中心、卒中中心、胸痛中心、危重症儿童和新生儿救治中心、高危孕产妇救治中心等，可满足各类患者就医需求。

我也期待在下一个十年、二十年里，继续见证孝感医疗卫生事业新的发展。

（郑玉欢 整理）

人物名片：

谭之平，现任孝感市妇联兼职副主席，湖北职业技术学院工会副主席，曾当选第十二届全国人大代表、第二届全国道德模范。

走出苦难 回报社会

- 谭之平 -

2006 年 9 月 1 日，在历尽坎坷后我带着父亲和继母重返校园，进入湖北职业技术学院医学院临床医学专业学习，圆了梦寐以求的学医梦。我非常珍惜这难得的求学机会，每年的学习成绩均名列前茅，并获得国家奖学金。

从 2007 年开始，我助养了一名腭裂残疾女婴，在她一岁半时，我为她联系武汉 161 医院做了免费手术治疗，让她成为一个健康的孩子。她上幼儿园后，我坚持组织义工社志愿者每周至少三次在放学后陪伴她，使一个曾经被遗弃的孩子得到了社会的关爱和温暖。

我还“结对”帮扶了一个残疾家庭。这家丈夫腿部残疾，妻子和儿子都是智力障碍者。我联系孝感市邮局，帮助他自主创业，解决了全家人的生计。

在周末和节假日，我经常组织同学到孝感市福利院、孝感市精神病康复医院等地，帮那里的老人洗头、洗脚、剪指甲，给老人们送上精彩的文艺节目。

2007 年 12 月 5 日，我整合湖北职业学院义工资源，成立了湖北职院义工社，捐出孝感市孝子奖金，发起成立湖北职院感恩文化基金，资助更多贫困学子。2010 年，湖北职院义工社跻身“湖北省文明创建十大品牌”之一，2018 年获评孝感市共青团“青年文明号”。

爱出者爱返，福往者福来。2013 年 3 月，我当选第十二届全国人大代表，先后获得第二届全国道德模范、全国三八红旗手、湖北青年五四奖章等 20 多项省级以上荣誉。

（黄华 整理）

人物名片：

许方盛，现任孝感市水利和湖泊局党组成员、总工程师，2018年当选第十三届全国人大代表。

把脉江河，让“治水”变“智水”

-　许方盛　-

水是城市的灵魂，孝感地处长江以北，大别山、桐柏山山脉以南，位于长江流域中下游，河流众多、水系发达，是一座名副其实的亲水城市。建市30年来，我市的治水思路和方式也在随着时代的发展进步发生了三次大的转变，治水战略从传统向现代过渡，治水方式从单一化、粗放式向多元化、精细化转变。

1949年以前，孝感境内水利条件极差，中北部无一座水库，南部堤防堤身单薄低矮，险工险段遍布。我市以南部和中北部为切入点，兴建了一批水利设施，开始有步骤地治理水旱灾害，基本形成了防洪、排涝、灌溉三大工程体系。

20世纪90年代，随着我国向市场经济体制转型，水利对整个国民经济发展的作用越来越明显。1993年孝感建市初期，我市的治水思路由传统水利向现代水利、可持续发展水利转变，水利投入呈现不断加大的态势，初步建立了防洪、排涝、灌溉、供水四大工程体系。

党的十八大以后，习近平总书记站在中华民族永续发展的战略高度，提出了“节水优先、空间均衡、系统治理、两手发力”的治水思路，为我市推动水利高质量发展提供了根本遵循。近十年来，我市水利建设实现了历史性跨越，取得了令人瞩目的成就，水利投入逐年递增，科学治水方略不断完善，水利改革发展取得新突破，民生水利惠及广大群众，为全市经济社会发展提供了坚强的水利支撑和保障。

从业 30 余年，回望过去：我市防汛抗旱取得重大胜利，水利减灾兴利能力显著提升；水利基础设施建设不断提速，水利补短板工作连续三年获得省政府督查激励表彰；民生水利持续加强，农村区域集中供水率高达 98%，自来水普及率达到 96%；全面推行河（湖、库）长制，获得省级奖项 26 个、示范人物 44 名；快速落实最严格水资源管理制度，全市用水总量控制在 30 亿立方米以内，饮用水水源区水质达标率达到 100%，主要江河湖泊水功能区水质达标率达到 92.3% 以上；全面深化水利改革，水利队伍整体素质得到极大提升。

近年来，我市更是积极探索运用云计算、大数据、物联网、移动互联网和人工智能等新一代信息技术，重点服务防汛抗旱、河湖长制、全面禁采、堤防工程等，不断提升现代水利的基础保障和社会服务能力。

“平安水利”护安澜，“民生水利”兴民利，“智慧水利”谋长远。孝感正朝着“水润、水美、水兴”的方向，探索践行“智慧水利”建设道路，奋力谱写“智慧城市”水利新篇章。

（佘玥 整理）

人物名片：

胡五清，现任孝昌县王店镇党委委员、副镇长，新岗村党支部书记、村委会主任；曾任第十三届全国人大代表，2021年被表彰为“全国优秀党务工作者”。

带领“落后村”变身“示范村”

- 胡五清 -

担任村党组织书记22年，我是乡村振兴的见证者、参与者。

1999年，新岗村是个负债30多万元的空壳村、贫困村。那时候，我在外搞建筑、承包工程，收入十分可观。王店镇党委动员我回村任职，在选举中我当选为高岗村党支部书记（2017年，原高岗村、齐岗村、草塘村合并为新岗村）。

上任后，我立即着手建强支部班子，村里大小事民事民提、民事民议，群策群力，实行阳光党务、阳光村务。我们推行“10分钟服务承诺”工作法，只要群众有需求，由村组干部、党员中心户、乡贤能人和产业带头人等组成的服务团队可以在10分钟之内到现场帮助解决。

乡村振兴，关键在人，关键在干。我们谋定了“特色养殖业、精品种植业、优质劳务业”的发展思路，我南下北上10余次，请回20余名能人回村创业，先后开办苗木园艺、土特产加工、特色养殖、建筑劳务等13家公司，常年安置300多名贫困户就近就业，服务近400名青年外出务工，培养农村实用人才 150 余名。2019 年，村里实现了村出列、户脱贫。

如今，村集体每年创收 20 余万元。依靠集体收入支撑，村里将闲置校舍改造成留守群体娱乐休闲的“幸福院”，开办老年食堂为 70 岁以上的留守老人提供免费午餐，建设乡村大舞台，定期开展文化活动。20 多年来，新岗村无一上访，没有发生一起刑事案件，曾获得全国民主法制建设示范村、全省先进基层党组织、全省新农村建设示范村等荣誉。

（赵彩云 整理）

人物名片：

程梦醒，应城市春华养生豆皮有限公司经理，90后大学生创业者，2018年1月当选为第十三届全国人大代表，先后获得孝感市三八红旗手、孝感市青年五四奖章、湖北向上向善好青年、全国乡村振兴青年先锋等荣誉。

“新农人”的“兴农梦”

－程梦醒－

从纯手工制作到自动化生产，从寒冬腊月摆摊叫卖到足不出户通过电商平台外销，作为一名返乡创业的“新农人”，我见证了豆皮这一乡村特色产业的发展壮大。

传统的豆皮制作非常费时费力，需要浸泡、磨浆、晾晒等近十道工序，一家人从早忙到晚只能做200多斤，而市场上的豆皮大多又口感欠佳。2014年，从湖北轻工职业技术学院毕业后，我回到家乡三合镇三结村，决定制作好吃的豆皮。

在父亲的帮助下，我筹借30万元，注册春华养生豆皮有限公司，购买了半自动豆皮生产加工机，单日产量可达到3000斤。由于没有销路，我干了3年，亏了3年。

为了将豆皮卖出去，寒冬腊月，我凌晨三四点钟起床，骑三轮车到十多公里外的城区集贸市场摆摊，到餐馆、早点摊推销，让他们免费试吃，慢慢打开了销路。

2016 年，我的豆皮网店在淘宝开张。2017 年底，公司转亏为盈。现在，公司全年不停产，产品销往全国各地，还卖到了新加坡。2022 年，公司销量达到 60 多万斤，同时帮乡亲们免费销售鸡蛋、干菜等农产品 5 万多斤，带动周边 40 多位脱贫户和留守妇女、老人就业。

2020 年，公司投资 300 多万元，在应城市杨岭镇孙岭村建设新厂，产能提高了两倍。小豆皮，渐渐成长为一个产业。

（赵彩云 整理）

人物名片：

程国庆，现任孝昌县冠昌源农产品专业合作社党支部书记、理事长，湖北省果品产业协会副会长，享受省政府津贴（农村实用人才）。曾任湖北省第十三届人大代表，中共孝感市第五、六次代表大会代表，政协孝感市第四、五、六届委员会委员，荣获“2020年全国劳动模范”荣誉称号。

鲜桃结出致富果

— 程国庆 —

20世纪80年代，我高中毕业后回孝昌县丰山镇务农，在自家5亩地里摸索种植产量高的桃品种——早熟蜜桃。经过精心培植，第二年果树成功挂果，其他农户开始学习试种。

90年代初，孝感桃产业空前繁荣，但由于品种单一、缺少技术、市场不畅，桃产业增产不增收。于是我自费到华中农业大学、省农科院果茶所等科研院所学习桃树种植技术，桃子越种越好。周边十里八乡的村民都来向我学艺。我索性办起示范培训班，至今共培训学员1.3万余人次，为乡村振兴提供了人才支撑。

为了带动大家共同发展，我成立果品产业协会、孝昌县冠昌源农产品专业合作社、湖北七仙红园区管理公司，建立产业链上的党组织，将千家万户的小生产与千变万化的大市场有效对接。现在，合作社主栽品种十几个，成熟周期从 5 月份一直持续到 12 月份。

合作社实行品种、管理、标准、包装及营销“五统一”，安排专业技术员为果农提供指导和培训，制定了“七仙红”桃生产技术标准，成为全省桃产业标准，纳入国家知识产权名录。“七仙红”桃品牌成为“湖北名桃”“全国名优果品区域公用品牌”，核心产品“孝昌血桃”荣获国家地理标志证明商标，还获得了 5 项国家及省级科研成果和科学技术奖励、16 项专利技术。

近年来，孝昌县委、县政府立足县情，把“七仙红”桃品牌作为实现脱贫攻坚、乡村振兴、富民强县的重大战略，进一步做大培优水果产业。

（肖青松 整理）

人物名片：

汤俭民，孝南区农业农村局正高职高级农艺师，香稻育种专家。先后荣获湖北省优秀共产党员、湖北省劳动模范、全国十佳农技推广标兵、全国粮食生产先进工作者、全国优秀共产党员等荣誉20余项，享受国务院政府特殊津贴。

情有独“种”育稻香

- 汤俭民 -

1980年，我从原孝感地区农校毕业后，被分配到原孝感县农科所工作。父亲叮嘱我：“干了这一行，就要拿出‘定盘心’，农业总得要人干，要干就干好。”

父亲的话，犹如一粒种子，埋进了我的心田。

有一次，我到当时国内最大的外调粮省份云南出差，看到一家粮站门口的告示牌写着：“好消息！今日无鄂米！”那个年代，在当地人眼中，湖北大米不仅无法与东北大米相比，连江西、湖南的大米都不如。

那一刻，我暗下决心要培育出好吃、好卖、好种的“三好品种”大米，让“孝感稻米香天下”。

20世纪80年代中后期，孝感着手开展优质稻育种工作。我带领育种团队，通过长期的杂交转育和定向选择，培育出既高产稳产又优质的水稻新品种。其中，我培育的“太子玉竹”“太子玉玻”在1992年双双获得首届中国农业博览会银奖。

进入新世纪，孝感市委、市政府及农业部门将开发孝感香米作为加快优质稻米发展的重要举措。在各级政府、农业部门的支持下，我和育种团队不懈努力，先后培育出“鄂晚 17”“广两优香 66”“鄂香 2 号”等 26 个香稻新品种，并在湖北以及安徽、江西等省份推广应用。

我培育出来的系列香稻品种，在湖北省内是推广应用面积最大、增收最明显的品种。这也使香稻产业渐渐成为孝感的特色产业。“孝感香米”成功申报为国家农产品地理标志登记保护产品，成功注册国家地理标志证明商标。

《大别山革命老区振兴发展规划》提出，“要加快孝感香稻等超高产新品种选育推广”。《湖北省水稻产业提升计划》明确提出，“打造以孝感市为中心的香稻优势板块”；孝感市委关于制定“十四五”规划和二〇三五年远景目标的建议明确提出，“推进‘香粳糯’优质粮食工程”。我将继续做好香稻培育工作，为孝感香稻种业发展和农民增产增收贡献力量。

（王德强 整理）

人物名片：

袁少敏，孝南区陡岗镇袁湖村党支部书记、村委会主任，先后荣获全国最美基层干部、全国劳动模范、全国人民模范调解员、全国抗击新冠肺炎疫情优秀社区工作者、全国优秀党务工作者等表彰。他创新推出的“袁少敏工作法”，入选全国党的群众路线工作法100例。

袁湖村复兴河的“复兴梦”

– 袁少敏 –

“小河九里十八弯、处处是险段、坎子峭，年年涨水心里跳”，这是袁湖村小河堤最真实的写照。

“古小河”现称“复兴河”，上游发源于孝昌白沙，经复兴闸流出，排入澴河，全长30多公里，其中在袁湖境内蜿蜒了“十八里”。每到汛期，小河堤年年有塌方、年年在抢险，成为袁湖人摆不脱的阴影和伤痛。

1998年6月，小河堤袁湖段在上游大水不断汇入、下游排灌能力有限的情况下，水位不断攀升，险情不断发生，我们村“两委”带着党员群众日夜奋战在抗洪抢险的第一线。突然，村里一处堤坝发生管涌，如果处理不及时，将会有溃口决堤的危险，势必危及周边两万多亩农田，以及两万多名群众的生命和财产安全。必须潜入十米深的漤底，查明管涌的位置！

毫无潜水经验的我，跳到水里，奋力下潜。由于水的浮力，潜到一半就潜不下去。我们决定在出现管涌的位置打入十几米的钢管，再顺着钢管往下潜。经过多次尝试，终于找到管涌口，险情得以排除。

这样大大小小的抢险，自我当村书记 30 多年来，几乎每年都会发生。2020 年，小河堤综合治理工程在各级领导的关心下，终于通过立项获批。2021 年 10 月开始施工，整河道、修涵闸、垒护坡、加宽加高，如今堤面可以通车，安全隐患全部排除，村民看在眼里，喜在心上。

（闵丽萍 整理）

人物名片：

阎敏，现为中国航天科工航天三江江北公司数控车工、特级技师，长期承担型号产品关键件的车加工任务，被称为航天型号产品“咽喉主刀师”。先后荣获全国劳动模范、中华技能大奖、中国质量工匠、全国技术能手、中国航天基金奖等荣誉，享受国务院政府特殊津贴。

航天“咽喉主刀师”的至高荣耀

－阎敏－

2003年，我随单位来到孝感。初到时，厂区所在的北京路一带，冷冷清清。

这些年，我和同事们欣喜地见证了身边的变化：高楼大厦拔地而起，生活配套设施不断完善，公司产值也实现“亿元”级向“十亿元”级大跃升。

我觉得，工作也好，发展也罢，都是一个厚积薄发的过程。

在那个没有数控机床和标准化刀具的年代，手工磨刀是车工的必修课。1990年我进入公司军品车间，在完成自己的工作任务后，我总会去给别的师傅们打下手，碰到加工难度大的零件就边看边问边记，数十年间，已记满厚厚的15本工作笔记。经过多年的磨炼，我可以将直径50毫米的圆柱体精确车削到细如发丝却不折断。因此，我一直承担着重点型号关键部位——喷管的加工重任，这个零件是为我国运载火箭和航天型号产品提供能量转换的重要装置。

喷管负责将火箭发动机推进剂燃烧内部喷射出的火焰转化为动力，喷管出口处的燃气喷射速度高达每秒 3500 米以上。

为了保证发动机的工作安全可靠，喷管关键部位的加工精度要求控制在 0.005 毫米，任何细小的偏差都可能导致火箭偏离轨道甚至解体。因此，行内人常将喷管称为火箭的“咽喉”。我很自豪，经我手的该型号产品合格率一直是 100%，这是一名技师的至高荣耀。

（王琦 整理）

人物名片：

李丹，广场街道党工委宣传委员、统战委员，长期在街道、社区一线工作。先后荣获全国抗击新冠肺炎疫情先进个人、湖北青年五四奖章等荣誉。

基层治理撑起居民幸福指数

－ 李丹 －

2018 年，我初到孝南区广场街道晒书台社区工作。一位前辈告诉我，2015 年之前，社区办公场所是一间租赁的平房，面积仅有几十平方米，空间狭小。2015 年之后，社区搬到了熊咀二路，办公场所变成了一栋楼，留守儿童之家、志愿者之家、爱心书屋、党建长廊、书画室等功能区逐渐完善。

同时，社区信息化建设“大提速”，增加了电脑、扫描仪等办公设备，打通对接了民政、社保等多个部门的网上信息平台，录入居民信息更加方便，有效减轻了社区工作者的负担。

2020 年，新冠疫情防控期间基层治理再次进步。“社区吹哨、部门报到”“社区吹哨、党员报到”的“双报到”机制在晒书台社区迅速得到执行，下沉党员踊跃加入社区疫情防控队伍中，承担排查、值守、物资配送等工作。党员、志愿者尽数融入基层治理当中，成为保护居民健康的强大后盾。

如今，“党建引领，共谋共建共享”“决策共谋、发展共建、建设共管、效果共评、成果共享”等理念迸发，基层治理汇聚万众力量的方法、蓝图逐渐明确，效果逐渐显现。

走在大街小巷，我看到居民主动担当“劝导员、宣传员、安全员”；参加协调会，我看到各政府部门结合职能主动作为，把社区事当作部门事，千方百计寻求有效解决方案。事办成了，生活环境变好了，居民笑容也多了，我倍感欣慰。

未来，孝感基层治理一定会有新的“蝶变”，居民幸福感与获得感必将双双提升。

（黄佐君 整理）

人物名片：

唐建锋，现任孝感市乡村振兴局综合科科长、四级调研员。2021年2月，被党中央、国务院表彰为“全国脱贫攻坚先进个人”。

倾情扶贫　筑梦青春

- 唐建锋 -

2007年，我大学毕业后考取湖北省委组织部选调生。岗前培训时一幅“志存高远、脚踏实地”的宣传标语，让我记忆深刻，我立志要扎根基层、不负韶华，在平凡的岗位上干出一番无悔青春的成绩。

我是从西北偏僻贫穷的山村里走出来的，根在农村，始终对农民有着深厚的感情。2010年，我从法检系统“跨界”到扶贫系统。从事扶贫工作能让我更为直接地为农村地区的父老乡亲脱贫致富而奋斗，这就是我心中的高远志向。

我连续三年参与起草全市脱贫攻坚纲领性文件，参与制订全市扶贫政策性文件30多份。2017年在充分调研的基础上，我提出要健全脱贫攻坚指挥体系架构的建议，后转化为市委、市政府硬举措，推动构建了调度顺畅、运转高效的市县指挥体系，有效促进“责任、政策、工作”三落实，为全市脱贫攻坚工作发挥了重要作用。

精准扶贫工作伊始，为夯实精准识别、帮扶基础，我对标中省政策要求，主笔编制《孝感市脱贫攻坚工作标准体系手册》《孝感市脱贫攻坚工作手册》，明确工作标准，规范工作流程，指导各地各单位对标调校、纠偏整改。为巩固脱贫成果，有效发挥防返贫监测帮扶机制作用，我探索提出“3553”动态监测处置办法，建立快速发现和响应帮扶机制，对易返贫致贫对象，及时发现、及时帮扶。通过工作机制的创新，有效地推动工作质效提升。

脱贫攻坚，胜利有我；乡村振兴，奋斗有我。我将以“敢快干”的奋斗姿态，逐梦新征程，作出新贡献。

（李建新 整理）

人物名片：

孙艳华，原孝感市车站环卫站清扫组长。先后荣获孝感市城市美容师、十佳城市美容师、先进工作者、优秀共产党员、全国优秀环卫工人、孝感市建市20周年最具影响力先进模范人物等称号。

无悔三十年　扮靓我的城

- 孙艳华 -

1990年，爱人下岗后，家里生活的重担又增加一分，恰巧当时的环卫站在招聘环卫工人，就是这样一次偶然的机会，我进入环卫行业，一干就是30多年。

当时我被分到车站环卫站，负责胜利街的清扫保洁，胜利街紧邻铁路货场。那个年代煤炭是火车动力的主要来源，开往火车站货场的运煤车每天昼夜不停，经过路面坑洼处时，煤渣经常散落一地，扬起的煤灰遮天蔽日，我们只能一遍一遍地清理，当时大家开玩笑说："不吃二两灰，干活都没劲。"

那时的清扫和保洁都是"扫保不分"，每天早上7:30之前完成普扫，随后开始保洁，工作时间特别长，从清晨4点钟到晚上10点钟，中间只有午休1小时，一天下来，我们经常是满身灰尘、筋疲力尽，但没有一个人抱怨。

随着城市发展和人口增长，环卫工作强度越来越大。垃圾越来越多，但垃圾收集清运却仍靠手铲肩拉。一板车垃圾轻的500多斤，重的上千斤，对于我们女同志来说，垃圾转运异常辛苦。虽然环卫工作强度大、又脏又累，有时还得不到市民理解，但看着被我们每天打扫得干干净净的大街小巷，油然而生一种成就感，感觉一切艰辛付出都值得。

自2000年起，随着经济社会的不断发展，各级政府也更加重视环卫工作，我们逐步添置各种作业机械：机扫车、洒水车、洗路车、垃圾收集车等穿梭在城市大街小巷，裸露的垃圾池也逐渐退出历史舞台，被一个个方便清运的垃圾桶取代，我的工作轻松了许多。

2013年以来，环卫事业迎来高速发展期：从完全人工作业转变到“机械为主、人工为辅”，实现了清扫、保洁各负其责，垃圾收集“公交式”运行，大大缩短了我们的工作时间，提高了精细化作业程度，城市道路越来越干净了。同时实行的错峰作业，尽可能避免了上下班高峰期对市民出行的影响。环卫工作给城市带来了洁净和文明，市民也对我们报以更多的宽容和理解，乱扔乱倒垃圾的少了，街头的“爱心驿站”多了，不少的单位、门店免费对环卫工人开放，让我们随时进入歇脚饮水、纳凉取暖，各级领导、爱心企业的嘘寒问暖也让我们倍感温馨和感动。

2013年，我被授予“全国优秀环卫工人”荣誉称号，2014年又获得“湖北省三八红旗手”殊荣，这既是我个人的无限荣耀，也是对全市环卫工作的至高褒奖和肯定。环卫工人越来越得到社会的认可、理解和尊重，我为自己从事的事业感到无比的骄傲和自豪。

（黄佐君 整理）

人物名片：

饶嫜悦，红悦谷农业科技发展有限公司法定代表人、兴达种植专业合作社理事长。先后获得全国三八红旗手、全国巾帼建功标兵、湖北省优秀农民工、湖北省最美妇联人、孝感市巾帼创业先锋等荣誉称号。

乡村女孩的“蝶变”人生

- 饶嫜悦 -

我是家里的长女，18岁时，为了供两个弟弟上学，便南下广州打工。

那是我第一次出远门。因为个头小挤不上车，是父亲抱着把我从车窗塞进绿皮火车的。后来，我与爱人一起回到孝昌，在县城开了家花店。

有次回老家，看到农田里的茅草长到一米多，连田埂都看不到，我很心痛，便萌生回乡创业的想法。家人都劝我：你在城里经营商铺，收入还不错，怎么能回乡“盘泥巴”？

说服了家人后，我回村流转了80亩地，成立合作社，种上枇杷、桂花、紫玉兰等苗木。因对土质和种植技术不了解，第一批树苗全部死掉了。

为了学技术，我多次去周巷镇，请求一位姓汤的苗木师傅收我为徒。可能是被我的诚意打动，汤师傅到现场查看，建议将土地深挖翻晒，还教我育苗和扦插技术，苗木基地被救活了。后来，我开始探索林下养鸡、池塘养鱼的循环生态种养模式，基地规模逐渐扩大。

但是单一的苗木种植，生产周期长，资金回笼慢。2018 年，我又贷款 20 万元，在苗木基地建起了红悦谷亲子活动教育基地。2019 年，基地影响越来越大，营业收入达到 50 万元。

目前，基地带动大家发展苗木种植 800 多亩，年创收 100 余万元。常年在合作社务工的脱贫户妇女达 30 人，人均年收入 2 万多元。

（王洁琨 整理）

人物名片：

鲁锋，湖北省志愿者协会副会长、市慈善总会副会长、市志愿者协会副会长、孝感市孝南区益邦社会工作服务中心理事长，曾获中国红十字会志愿者之星、全国敬老爱老助老模范人物、荆楚楷模·最美退役军人、省劳动模范、省青年五四奖章、省优秀共产党员等荣誉。

微光成炬　温暖可及

－　鲁锋　－

2001年，我第一次参加献血，和大部分志愿者一样，只是凭着热情在献血。

真正让我专注志愿者工作源于2003年的一场变故。当时我正陪妻子在武汉治病，一个病友急需输血治疗。看着病友惨白的脸和无助的眼神，我决定帮他一把。当病友眼里重新燃起光芒，我第一次感觉到：即使身处低谷，也能发出微光，这种感觉真好！在我的动员影响下，身边的朋友和亲人也慢慢加入到志愿献血的队伍中来。

单打独斗力量有限，为什么不把更多人组织起来共同做公益呢？在市中心血站和市红十字会的支持下，我在2006年、2007年参与组建孝感市无偿献血志愿服务队、孝感志愿者联盟、孝感市红十字志愿者服务队、孝感市义工联合会，发展注册志愿者600余人，先后开展了救助连体女婴“玲珑姐妹”、协助完成我市第一例眼角膜捐献等工作。

微光能成炬，涓水可成河。2017 年，我牵头创立孝南区益邦社会工作服务中心，致力于培育和孵化社区志愿服务队伍。

经过 5 年多发展，益邦社工现有专职社工 17 名、志愿者 300 余名，在各个乡镇和街道都陆续建起了社工站。专业的社工推动着基层治理和服务创新，带动了社区志愿服务队伍发展，越来越多的政府相关部门开始通过专项资金支持社区的公益项目。如今，社区志愿服务、民间公益组织、专业社工机构已成了孝感市基层社会治理体系中的重要力量。

（卫东 整理）

人物名片：

周芳，孝感市护士学校教师，湖北省作家协会签约专业作家，孝感市文联副主席，孝感市作协副主席。著有《重症监护室》《在精神病院》《我亦是行人》《沽酒与何人》《执手何须倾城》等。曾获北京文学奖，华语青年作家奖，湖北文学奖，屈原文艺奖，中国作协“深入生活扎根人民”先进个人等，作品曾入选中国当代文学最新作品排行榜，当选中国作协第九次和第十次作代会代表。

为时代放歌

— 周芳 —

1993 年 7 月毕业季，我成为应城石膏矿子弟学校的一名教师。教学之余，我也和矿工朋友一同下到 200 多米深的矿底，看割岩机如何割开坚硬的石膏层，电钻如何凿出炮眼。我看见温情，看见力量，看见深置其中的人们。

那些奋斗与梦想，我一个字一个字记录下来。或许，这就是我文学之路的起点。今日回首，竟已过去 30 年。

30 年，不过是历史长河里沧海一粟。我却何其有幸，我和我的孝感一同成长，一起蝶变，绽芳华，结硕果！

文学，从来不是空中楼阁，它与时代、与生活、与人民紧紧相连。《中共中央关于繁荣发展社会主义文艺的意见》中指出，文艺工作者要坚持以人民为中心的创作导向，准确把握时代主题，深入群众、扎根生活，创作出更多的优秀作品。孝感建市 30 年，步伐铿锵，人民奋进，它为作家提供足够充沛的创作土壤。它时刻敲打我的灵魂、我的笔端：你可知人民所思所想，你可知人民所忧所盼？

2013 年 11 月至 2014 年 11 月，我到孝感市中心医院重症室做了一年的义工。根据这段生活，我创作了长篇非虚构作品《重症监护室》。它促使人们更好地认识生命，了解医院工作，对缓解医患矛盾起到了积极作用。2016 年 7 月，为进一步了解精神疾病患者及家属的生活，我再次走进孝感市康复中心做义工，创作长篇非虚构作品《在精神病院》。

岁序更替，华章日新。建市 30 周年，孝感文艺也迎来了累累硕果。仅在文学创作方面，出自孝感的湖北省作家协会第十一届和第十二届签约作家人数，在全省遥遥领先，更有诸多作品获得国家级、省级奖励。

孝感奋进 30 年，每一个重要时刻，孝感文艺人从未缺席。在新中国成立 70 周年、改革开放 40 周年、中国共产党成立 100 周年等重要时间节点，孝感文联认真谋划，精心组织，带领支持文艺家投入主题创作，以有温度、有筋骨的文艺作品吹响嘹亮号角，讴歌人间正道。

“志之所趋，无远勿届，穷山距海，不能限也”。在孝感打造武汉都市圈重要节点城市新征程上，孝感文艺人承担光荣使命，与伟大的时代一道前进，用心用情讲好孝感故事。

（秦荣 整理）

人物名片：

雷明，大悟县益民泥鳅养殖合作社理事长。2013 年被湖北省农业厅评为农业技术推广“明星科技示范户”，2014 年获得孝感英才“农村拔尖人物”荣誉称号。

贫困户变身致富带头人

- 雷明 -

我一家五口人，母亲二级残疾，妻子一级残疾，自己也做了肾脏切除手术。贫困、病痛让我看不到生活的希望。

转机发生在 2013 年。在扶贫工作队和村“两委”干部的鼓励下，我尝试承包 5 亩池塘养殖泥鳅。他们经常上门宣传国家扶贫政策，银行送来了免息贷款，农业部门送来了技术指导……当年，泥鳅养殖大获成功，让我看到了摆脱贫困的希望。后来，我与另外 4 家养殖户合作成立了大悟县益民泥鳅养殖合作社，带动周边大批村民发展泥鳅养殖。

泥鳅人工繁殖孵化是关键。我花了一年多的时间学习、研究、试验，总结出了一套成熟的孵化和养殖模式，45 天能亩产 1500 斤左右幼苗。我们同时对大悟泥鳅品种进行提纯与优化，泥鳅市场前景喜人。

我的泥鳅养殖规模从最初的 5 亩扩大到 100 亩，实现了苗种繁育与养殖为一体的立体循环养殖，泥鳅苗种远销周边县市，促进了大悟特色泥鳅养殖产业规模发展。未来，我希望不断提升泥鳅孵化技术，扩大繁殖规模，带动更多乡亲共同富裕。

（李建新 整理）

人物名片：

刘宝林，九州通医药集团股份有限公司创始人，集团名誉董事长，孝感经济发展顾问委员会副主任委员。

心无旁骛做医药分销

- 刘宝林 -

1971 年，我成了应城市天鹅镇阁老村生产队的一名医生，而后十余年先后在应城市天鹅镇血防站、应城市夹河沟泵站医院工作。我与医药结下了不解之缘。

1985 年，我正式“下海”，卖房、借钱，总算凑齐了 6000 元启动资金，在天鹅镇开了一家药品批发部，销售对象是县医院、乡镇卫生院、农村的赤脚医生。

伴随改革开放的浪潮，我来到海南岛成立海南琼鹦药品工贸公司，建立起全国性的经销网络，在武汉设立办事机构，承包了湖北省卫生发展有限公司。

直至 1999 年，国家对民营资本开放医药市场，在 2000 年 5 月 28 日，完全由个人 100% 控股、经营药品的有限责任公司——湖北九州通医药有限公司成立，后来陆续在武汉、北京、河南、上海、新疆、广东等地设立了多家分公司，直至发展到现在的九州通医药集团。

我始终认为，作为民营企业，每一步发展都跟国家政策密切相关，医药行业的经营更要紧跟政策，听党话才不会迷失方向。同时要专注做“一件事”，即坚持做医药分销，坚持药品的平价销售策略，做医药现代物流，为医药健康实体服务。

未来，九州通将持续推进企业数字化转型，充分利用大数据、物联网等技术重塑医药服务体系，实现物流智能化、线上线下相结合，企业数字化，打造医药行业新零售与传统医药流通企业相结合的示范企业。

（杨勘 整理）

人物名片：

马新强，现任华工科技产业股份有限公司党委书记、董事长、总裁，激光加工国家工程研究中心副主任。第十二届、十三届全国人大代表，享受国务院政府特殊津贴。

乘同城东风　抢产业风口

- 马新强 -

2009年，借武汉城市圈建设东风，孝感拿出最大的诚意“迎娶”华工科技核心子公司华工高理。在孝感市委、市政府的大力支持下，我们开启深耕孝感之路。这十多年时间，汉孝同城化红利接连释放，华工科技与孝感同频共振，不断擦亮“孝感造”，成为当之无愧的行业“领跑者”。这一切充分说明，我们落户孝感、扎根孝感的实践是成功的。

对一家高科技企业来说，增长来源于创新。从2017年开始，华工高理就围绕核心产品和核心技术开展高价值专利布局。公司每年按研发经费的10%设立知识产权管理专项资金。近三年来，公司每年专利申请数量都保持在60项以上，且仍然保持着逐步上升的趋势。

截至目前，华工高理累计申请知识产权596项，授权专利442项，多项科技成果填补国内空白，达到国际领先，为公司技术领先战略、全球化战略奠定了坚实基础。

我一直认为，只有未雨绸缪，才能在市场上抢占先机。

2011 年，在占有全球温度传感器 70% 市场份额的同时，我们默默奔向新的目标：新能源汽车热管理系统。目前，国内每 10 台新能源汽车中有 6 台 PTC 加热器来自华工高理。

为了打破压力传感器由国外垄断的局面，2020 年我们积极进军压力传感器领域，自主掌握芯体核心技术以及量产成熟工艺，提供定制化的压力传感解决方案。压力传感器实现国产替代后，交付效率提升近一倍且后期维护成本更低，相对同类产品的价格压缩 30%，带来更具性价比的国产方案。

2021 年，华工高理成功入选湖北省技术创新示范企业，NTC 热敏电阻器获评工信部级制造业单项冠军产品。

（谢蕾　整理）

人物名片：

谭少群，现任福星集团控股有限公司党委书记、董事长、总裁，湖北福星科技股份有限公司董事长，2012年入选湖北省第一批“123”企业家培育计划。先后当选湖北省第十一届、第十二届人大代表，湖北省第十一次党代会代表。荣获湖北经济十大风云人物、湖北省科技创新领军人物、湖北省优秀企业家、全国劳动模范、第八届中华慈善奖等称号。

与孝感共兴共行

- 谭少群 -

1978年，我的父亲创办了福星集团，从生产铁木农具、钢丝绳开始起步，经过45年创新发展，集团旗下现有新材料、房地产、生物医药、现代物流、现代农业、金融投资等12家企业，员工7000多人。福星集团连续18年名列中国民营企业500强。

福星集团的创办离不开改革开放，从1978年创办到1993年，企业打下了一定基础。

建市后的30年，是孝感快速发展的30年，也是福星集团快速发展的30年。我们通过强化内部管理，实施“系列产品、精品名牌、高新技术”三大战略，于1999年在深圳证券交易所成功上市。而后，我们通过产品结构和产业结构两大调整，产品由常规钢丝绳向子午轮胎用钢帘线调整，产业由金属制品业向房地产业、生物药业、现代物流业等多业态布局，逐步成为多产业、多子公司的企业集团。我们不断适应企业高质量发展的新形势，加大技术创新力度，保持了企业持续快速健康发展。2022 年，集团实现销售收入 300 多亿元、利税 10 多亿元。

长期以来，孝感市委、市政府对福星集团的发展非常重视，并给予大力支持。这期间，我们遇到过很多困难和坎坷，孝感市委、市政府给了我们很大的帮助。

未来，我们将重点抓好管理升级、“两化”融合升级、产业产品升级，力争到“十四五”末期，核心竞争力和品牌影响力进一步提高，新增一到两家上市公司，实现年销售收入 400 亿元，利税 20 亿元，为打造“百年老字号”企业奠定坚实基础。

（杨勘 整理）

人物名片：

王仁宗，高级经济师，“农化助剂第一家上市公司”湖北富邦科技股份有限公司创始人、董事长、总经理。先后荣获湖北省十大创业之星、华中卓越企业领袖、优秀企业家金牛奖、湖北省企业“创新达人”等荣誉，享受湖北省政府专项津贴。

做数字农业深耕者

- 王仁宗 -

无论做什么，都有做的理由，都有做的热忱。农业亦是如此。“做农业，要耐得住寂寞，才能守得住繁华。”我一直以此为座右铭。

应城素有“膏都盐海”之称。在这片富饶肥沃的土地上，有两家大型联碱企业。20 世纪 90 年代，中国磷肥、复合肥等肥料企业在生产过程中，需要使用的肥料助剂只能从国外购买，且价格不菲。硕士毕业后，我立志为农业做点贡献，于是毅然选择回到家乡三合镇，从事肥料助剂的研发和生产。

1995 年，成立了应城市富邦科技有限公司，自此，我与农业结下不解之缘。2007 年，成立中外合资公司湖北富邦化工科技有限公司。2010 年，完成股份制改造，成立湖北富邦科技股份有限公司，并于 2014 年 7 月在创业板上市。

事非经过不知难，成如容易却艰辛。在踏入农业门槛那一刻，我就暗暗下定决心：一定要成为行业领军。我和我的团队奔波于世界农业发达国家，学习先进理念、技术；忙碌于田间地头、客户生产现场，调查、研究、做实验；敢于做第一个“吃螃蟹者”。经过 20 多年的耕耘与积淀，公司生产的农化助剂已得到社会高度认可，十大系列十四大产品的企业标准获得备案，填补了我国该行业的标准空白。客户遍布全国各地以及东南亚、欧洲、美洲和非洲。

虽然在肥料助剂行业取得辉煌成就，但我并没有陶醉，放慢追索的脚步，而是迈向数字农业蓝海。在对孝感100万亩耕地进行土壤调查时，我发现：农民为了追求产量，不科学的施肥方式，造成土壤板结、地力下降；作物品质下降，瓜不甜、菜不香。我意识到：只有科学施肥、智能配肥才是改良地力的有效途径。公司控股了国外企业，通过伽马射线传感器为土壤“CT扫描体检”，自主研发的智能终端配肥机完成配肥工序，能为田块个性化定制肥料。

21世纪是农业蓬勃发展的时代。乡村振兴战略深入实施，犹如春风吹拂神州大地。我欣喜于农业的日新月异，更深感一名企业人士肩负的沉甸甸的责任和使命。数字化技术在配肥领域的成功运用，让我看到一个更加宽广的领域——农业全链条智能化服务，通过控股、参股等方式，引进荷兰、加拿大、以色列等国家先进农业技术，探索出集土壤检测、水肥一体化、物联网管理、无人机采摘、产量预估于一体的农业数字化产业链条。

在三合镇西头村，公司建立了以色列—荷兰—富邦数字农业示范园，从以色列引进智慧大棚，聚集5G、传感器、无土栽培、水肥一体化、无人采摘机、农作物遥感估产等世界领先数字技术，自动调节大棚内温、光、水、气、肥，保证作物处于最佳生长状态，实现全天候自动化采摘。而今，这种模式已广泛应用于农作物种植，建立的番茄公社数字农场，实现了良好的经济效益和社会效益。

羊有跪乳之恩，鸦有反哺之义。我深爱农业，更挚爱生长于此的孝感人民。我积极参与家乡的精准扶贫、疫情防控等各项公益事业。同时，发挥公司产业和技术优势，利用种植管理平台田小二APP，对土壤实施检测，为孝感农民无偿提供增值肥料（放氧肥料，每年价值约200万元），实现农田精准施肥、精准管理；为农户提供公司开发的富锌营养大米种植技术，富锌稻谷由公司以高于市场价统一收购。通过土地流转、吸纳就业等形式，让三合镇部分村塆村民有了增收致富的好平台，实现了企业农户双丰收。

乘着农业现代化建设的春风，富邦科技在数字农业版图上，正贡献方案和智慧，所服务的数字大田、数字果园、数字大棚、数字园林在全国遍地开花，并在海外拓展。

（肖青松 整理）

人物名片：

王怡华，现为大禹电气科技股份有限公司董事长。先后荣获全国就业创业先进个人、全国电子信息行业优秀青年企业家、湖北省有突出贡献中青年专家、全国劳动模范等荣誉称号，享受国务院政府特殊津贴。

专注所以专业

— 王怡华 —

1996 年 7 月，我和家里兄弟几人成立孝感大禹电气厂，靠着引进的水电阻软启动器这个单一产品，从零开始，艰难创业。

27 年，大禹电气从一个作坊式的小厂，成长为如今的国家级专精特新“小巨人”企业，实现了华丽的蜕变。

大禹电气的发展史折射了孝感的发展。它的成长，离不开孝感历届市委、市政府的大力支持和用心培育。

2002 年，在市委、市政府的支持、指导下，大禹电气改制，引进营销、管理、技术等方面的人才。改制当年，公司业绩就翻了一倍。

为进一步发展壮大公司，2009 年 3 月，大禹电气再次改制，新组建大禹电气科技股份有限公司。在市委、市政府的牵线支持下，公司和省内科技院校合作，于当年成立了全市首家民营企业院士专家工作站、业内首家省级电动机软起动工程技术中心。

借此平台，大禹电气与华中科技大学联合研发“无刷双馈电机变频调速系统”，被工信部专家评价为“电气传动领域的革命性突破”。

2014 年，大禹电气在全国中小企业股份转让系统（俗称“新三板”）成功上市，先后主持起动技术领域 5 项国家标准的制定，成为国内电机软起动行业标杆企业。大禹电气还与 ABB、艾默生（维缔）等国际品牌合作，实施“双品牌运营”模式，实现了进一步成长。

2012 年，在一次市政府组织的出国考察活动中，有人建议，企业发展不能一味追求做大，要做精做强。受此启发，我决定改变公司的发展战略，往纵深发展，在行业细分领域潜心钻研。

此后，大禹电气用十余年的时间，在电机软启动领域奠定了行业领先地位，成为同行业唯一涵盖纯电阻式、电磁式到电力电子控制、变频启动控制四大起动模式产品的业内龙头企业。

坚持就有收获。2021 年，大禹电气获评国家专精特新“小巨人”企业。如今，大禹电气已从一个初创资金仅 4.5 万元的小企业，成长为年销售额 3 亿多元的“科技小巨人”企业，企业发展前景更加广阔。

（王德强 整理）

人物名片：

舒新国，现任舒氏集团有限公司董事长。先后当选为孝感市第二、三、四届人大代表，湖北省第十一届、十三届人大代表，孝感市工商联副主席，孝感市槐荫教育基金会理事长，曾荣获湖北省“优秀中国特色社会主义事业建设者”称号、湖北省劳动模范等荣誉。

专注做好胶带

– 舒新国 –

很多人问我，企业发展靠什么？我觉得是坚守、实干和创新。

1993 年，受邓小平同志南方谈话鼓舞，我下海创办孝感市中南橡胶厂。厂房是租的，水电是借的，设备是旧的，刚开始，产品质量不稳定，直到 1994 年才有起色。1996 年，“舒氏”胶带第一次出口。当时，验货标准太严苛没有厂家敢做，我们日夜技术攻关，最终，俄罗斯客户非常满意，这也促使舒氏产品的质量上了一个大台阶。

2003 年，有朋友邀我做房地产开发，我谢绝了。在孝感市建市十周年时，公司征地 150 亩，引进胶水、薄膜生产线，实现胶带全产业链自给自足。2017 年，公司再次征地 350 亩，开展新型胶带的研发与生产。目前，我们的环保汽车线束胶带实现低 VOC 排放，已应用在新能源汽车上，打破了国外技术垄断，填补了国内空白。

这 30 年，正是因为有市委、市政府的支持和关爱，才有了今天的舒氏集团；这 30 年，是舒氏集团与孝感市同频共振的 30 年，舒氏集团将心无旁骛地在绝缘胶带这个产业上继续做大做强做优。

（谢蕾　整理）

孝感建市30年大事记

（1993—2023）

1993 年

5 月 21 日，湖北省人民政府根据《国务院关于湖北省撤销孝感地区设立孝感市（地级）的批复》发出通知：撤销孝感地区，建立地级孝感市；同时撤销原县级孝感市，建立县级孝南区和孝昌县。新的孝感市实行以市代县的行政管理体制，管辖孝南区、大悟县、云梦县、汉川县（后改为县级市，由孝感市代管），代管应城市、安陆市、广水市。6 月 9 日，中共湖北省委任命中共孝感市委组成人员和孝感市人大、孝感市政府、孝感市政协筹备组负责人。6 月 26 日，中共孝感市委、孝感市人民政府正式揭牌。

9 月 18 日，孝感市政府发布《孝感市新产业开发开放试验区管理暂行办法》。12 月 29 日，市政府划定孝感市新产业开发开放试验区近期重点开发区域 9.5 平方千米。

10 月 23 日至 26 日，中国共产党孝感市第一次代表大会在孝感礼堂隆重召开。大会选举产生中共孝感市第一届委员会领导成员，张忠俭当选为市委书记。大会号召全市人民“高举起建设有中国特色社会主义的伟大旗帜，加快改革与建设的步伐，为建设富裕、文明、繁荣、昌盛的新孝感而努力奋斗”。

11 月 13 日至 16 日，政协孝感市第一届委员会第一次全体会议在孝感礼堂召开。大会选举产生政协孝感市第一届委员会领导成员，王学远当选为市政协主席。

11 月 15 日至 18 日，孝感市第一届人民代表大会第一次会议召开。大会选举产生孝感市第一届人民代表大会常务委员会领导成员、人民政府领导成员和中级人民法院院长、人民检察院检察长。张忠俭当选为市人大常委会主任，翁行德当选为市人民政府市长。11 月 18 日被确定为孝感建市周年纪念日。

1994年

2月27日，由白俄罗斯布列斯特州州长布尔斯基率领的政府代表团一行5人对孝感市进行友好访问，双方就经贸合作的具体问题进行了磋商，达成一系列合作项目协议。

3月3日，孝感市委、市政府决定，组建农村小康建设工作队，深入基层帮助开展农村小康建设工作。

7月29日，孝感市委、市政府举行荣获“全国双拥模范城”称号暨建军67周年庆祝大会。这是孝感市首次荣获“全国双拥模范城”称号。截至2022年，孝感市共有7次获此荣誉称号。

10月25日至30日，孝感市政府组织全市41家企业组成经贸展销团，参加1994武汉国际杂技艺术节活动，签订销售合同累计金额达2381.9万元。

11月22日，孝感城区后湖公园正式破土动工。1996年9月1日，后湖公园开园接待游客。

1995年

3月9日，中共孝感市委下发《关于实施爱国主义教育纲要的意见》，确定建立孝感市革命烈士陵园、大悟鄂豫边区革命烈士陵园、宣化店湖北会馆周恩来同美蒋代表谈判旧址等11个市级爱国主义教育基地。

12月17日，孝感建成扩大的C3本地网，电话号码由6位升至7位。与此同时，孝感市话2.3万门程控电话正式并网投产，城区市话容量达到4万门。

是年，孝感市与西藏自治区山南地区曲松县建立对口支援关系，派出第一批援藏干部到曲松县工作。孝感市连续援藏12年，共计派出4批援藏干部。

1996年

3月2日，中共孝感市委和市政府在市大礼堂召开市直机关机构改革动员大会。在此次机构改革中，孝感市直机关设置党政机构51个（比原来减少23个）、行政编制1880人。

4月21日，经省政府报请国务院批准，孝感市被确定为全国职工医疗保障制度改革57个扩大试点城市之一。

5月20日，孝感市与省政府签订"国家贫困地区义务教育工程"项目责任书，工程项目总投资额为5175万元。

5月24日至29日，对外大传播、《中国日报》、《人民日报》（海外版）、新华社对外部等10家中央涉外新闻单位记者团来孝感采访。记者团先后采访了汉川县汈汉湖、汉川钢丝绳厂、黄麦岭磷化工公司、应城市等地，还参观了4404厂、三江雷诺汽车有限公司。

10月18日，孝感市老龄委、市委宣传部、孝感日报社、孝感电视台联合发起的孝感首届十大孝子评选活动揭晓，况孝蓉等10人被评为孝感市首届十大孝子。截至2022年，孝感市已举行了11届十大孝子评选表彰活动。

12月22日，由人民日报社、新华社、中央电视台、中央人民广播电台等10家新闻单位组成的采访团来孝感参观采访府澴河综合治理工程。

1997年

1月上旬，位于大悟县芳畈镇白果树湾的新四军第五师司令部旧址，被国务院确定为第四批全国重点文物保护单位。

3月12日，经国务院批准，撤销汉川县，设立汉川市（县级）。

3 月 14 日，孝感市荣获“全国社会治安综合治理优秀地市”称号。

4 月 9 日，孝感市民革、民盟、民建、农工党第一次全体成员大会召开，市领导出席大会并致祝贺。

5 月 7 日，孝感市招商代表团前往香港，参加省人民政府在香港举办的 1997 湖北（香港）对外经贸洽谈会。孝感代表团共签订 19 个项目的合资（作）合同，项目利用外资 4000 万美元；接待 20 多个国家和地区的客商 570 人，对外贸易进出口成交额达 475 万美元。

9 月 23 日，省政府批准，在孝感开发区的近期重点开发区域划定 2.8 平方千米，建立省级孝感高新技术产业开发区。

10 月，孝感市普及九年义务教育的各项指标达标，通过省级验收。

11 月 8 日，汉川汉江大桥正式建成通车。

1998 年

1 月 8 日，孝感市首届企业产权交易会举行。交易会推出转让项目 165 个，签约成交 111 个，成交额达 43329 万元。

2 月 24 日至 28 日，政协孝感市第二届委员会第一次会议在孝感召开。大会选举产生政协孝感市第二届委员会领导成员，王学远当选为市政协主席。

2 月 25 日至 3 月 1 日，孝感市第二届人民代表大会第一次会议在孝感召开。大会选举产生孝感市第二届人民代表大会常务委员会领导成员、人民政府领导成员和中级人民法院院长、人民检察院检察长。王智灿当选为市人大常委会主任，曹世佑当选为市人民政府市长。

3 月 16 日，国务院发展研究中心、中国经济日报和孝感市人民政府在北京联合召开中华老字号孝感麻糖米酒新闻发布会。

3 月 18 日，国家经济体制改革委员会批准孝感市为全国第 54 个综合配套改革试点城市；省政府批准孝感市综合配套改革试点实施方案。

3 月 19 日，全国第一家与白俄罗斯合资的企业——中白三江瓦力特特种车辆有限公司在武汉举行开业暨新闻发布会，宣布中国三江集团与白俄罗斯轮式牵引车厂在孝感市组建重型越野车合资企业。

6 月 16 日，湖北省政府决定将孝感教育学院、孝感市卫生学校、孝感市财贸学校、孝感市机电工程学校合并组建成孝感职业技术学院。2003 年 4 月 28 日，孝感职业技术学院更名为“湖北职业技术学院”。

9 月 8 日至 10 日，孝感市政府代表团到福建省厦门市参加第二届中国投资贸易洽谈会。孝感市推介项目 230 个，签约成交 95 个。

10 月 6 日至 10 日，中国共产党孝感市第二次代表大会在孝感召开。大会选举产生中共孝感市第二届委员会领导成员，张昌尔当选为市委书记。大会号召全市人民“奋力推进第二次创业，为实现孝感跨世纪的宏伟目标而努力奋斗”。

11 月 26 日，长荆铁路动工兴建。2003 年 6 月该铁路正式投入运营。

是年，湖北省考古工作者在应城市门板湾遗址发掘出保存完好的约五千年前大型房屋群遗址、鄂东首座古城池及其他重要文物。

1999 年

3 月 4 日，孝感市被列为全国确定的 20 个医改重点联系城市，成为湖北省唯一的全国医改重点联系城市。

5 月 26 日，汉川钢丝绳股份有限公司在深圳证券交易所以“上网定价”的方式向社会公开发行股票，成为孝感市首家上市公司。

9 月，全国第七届精神文明建设“五个一工程”奖评选揭晓。大悟县楚剧团创作排演的楚剧《虎将军》和应城市市委宣传部创作的广播剧《披肩》获奖。

12 月 28 日，孝感市广播电视新闻中心落成。

2000年

2月29日至3月5日，各县、市、区先后召开“三讲”教育动员大会，全市“三讲”教育全面铺开。会议要求，全市县级领导班子和领导干部集中一段时间开展以“讲学习、讲政治、讲正气”为主要内容的党性党风教育。

4月4日，教育部发文批准，在孝感师范高等专科学校的基础上建立孝感学院。2001年11月18日，孝感学院正式揭牌。2012年4月26日，孝感学院更名为“湖北工程学院”。

7月18日，根据国务院批复，孝感市代管的广水市正式划归新设立的随州市代管。

9月9日，参加中国投资贸易洽谈会的孝感代表团在厦门举行招商洽谈会。会上有19个项目签约，总投资9.55亿元，其中引资6.55亿元。

10月9日至14日，孝感市第一届运动会、湖北省第五届（金龙泉）啤酒节在市体育中心举行。

12月1日，孝感人民广场动工兴建。2001年10月1日，孝感人民广场竣工开放。

12月16日，“孝感”牌麻糖和“神霖”牌米酒双双获“第六届中国国际食品博览会金奖”。

2001年

5月，孝感市被中央电化教育馆审核确定为智能研修平台应用试点工作试验区。

9月9日，孝感市委、市政府印发《市直机关机构改革方案》，宣布保留纪律检查委员会机关和市委办公室等8个市委机构的委办部局，保留政府办公室等20个政府机构的委办局。

10月18日，孝感市第二届“天仙杯”奖暨招商引资经贸洽谈活动在孝感人民广场开幕。来自日本、美国、法国、荷兰、西班牙、意大利、澳大利亚等国家和地区和全国各地客商 400 余人参加经贸洽谈活动。当场签订合同 35 个，总引资额 8.6 亿元。

10 月 19 日，孝感市双峰山旅游度假区成立。

是年，孝感市荣获“1997—2000 年度全国社会治安综合治理优秀单位”“全省社会治安综合治理优秀单位”称号。

2002 年

1 月 21 日至 25 日，中国共产党孝感市第三次代表大会在孝感召开。大会选举产生中共孝感市第三届委员会领导成员，张昌尔当选为市委书记。大会号召全市人民“为实现加快发展、富民强市的新跨越而努力奋斗”。

5 月 18 日，“西气东输”的孝感市天然气项目在孝感宾馆举行合资合同签字仪式。2005 年 1 月 27 日，孝感天然气工程开始引气。

7 月 25 日，孝感市委召开市级领导干部会议。会议宣布中共湖北省委决定：曹世佑任中共孝感市委书记。

8 月 16 日，全省 1999—2001 年度文明城市命名表彰电视电话会议宣布，孝感市荣膺省级文明城市称号。

10 月 25 日至 26 日，2000—2001 全国最佳集邮品颁奖仪式、《董永与七仙女》特种邮票首发式暨首届孝文化艺术节在孝感市隆重举行。此后，孝文化艺术节更名为孝文化节，2014 年再次更名为孝文化旅游节。截至 2017 年，孝感已举办此类孝文化节庆活动 11 次。

12 月 28 日至 2003 年 1 月 1 日，政协孝感市第三届委员会第一次会议在孝感召开。大会选举产生政协孝感市第三届委员会领导成员，张文启当选为市政协主席。

12 月 29 日至 2003 年 1 月 2 日，孝感市第三届人民代表大会第一次会议在孝感召开。大会选举产生孝感市第三届人民代表大会常务委员会领导成员、人民政府领导成员和中级人民法院院长、人民检察院检察长。曹世佑当选为市人大常委会主任，岳勇当选为市人民政府市长。

2003年

3月25日，大悟县刘集金鼓露毫茶叶股份有限公司生产的“金鼓露毫茶”被中国绿色食品发展中心授予“绿色食品”证书。这是全市首家茶叶茶品获此殊荣。

4月10日，孝感建市以来投资最大的单项基础设施工程——文化东路和滚子河工程开工。

4月27日，孝感市委、市政府召开全市“非典”防治工作会议，要求各地紧急行动起来，严明纪律，强化责任，夺取防治“非典”斗争的胜利。

5月28日，全市第一家高新技术创业服务中心正式运行。该中心主要任务是培育高新技术企业，培养创新创业人才。

8月4日至15日，孝感市政府代表团访问白俄罗斯布列斯特州，双方签订了《中华人民共和国孝感市与白俄罗斯布列斯特州关于友好伙伴关系的协议》。

11月9日至14日，孝感市党政代表团赴浙江省温州市进行经贸洽谈和考察学习活动。洽谈会上，孝感市与以温州企业家为主的投资客商共签约项目22个，总投资额达9.55亿元，合同（协议）引资额达9.43亿元。

2004年

2月24日，孝感东城区开发建设动员大会在孝感宾馆召开，此次会议标志着孝感东城区建设进入快速发展的新阶段。

5月18日，孝感市首家博士后产业基地——湖北省博士后福星科技股份有限公司产业基地挂牌成立。

6月19日，孝感（香港）经济合作洽谈会在香港会议展览中心举行。洽谈会共签订利用外资合同项目23个，总投资额2.06亿美元，合同（协议）引资额1.93亿美元。

8月12日，孝感首家软件开发企业——湖北飞天软件科技发展有限公司成立。

8 月 31 日，孝感首家引进 IT 企业——湖北华迪信息技术有限公司开业。

2005 年

1 月 31 日，全市保持共产党员先进性教育动员大会召开。会后，全市党员干部利用一年半时间，分三个批次、三个阶段参加了这项教育活动。

5 月 9 日，2005 孝感（香港）经济合作洽谈会在香港新世界万丽酒店隆重举行。此次洽谈会共签订利用外资项目合同 29 个，总投资额 3.12 亿美元，协议利用外资 2.94 亿美元。

7 月 28 日，孝感城区创建省级卫生城市动员大会召开。同年 9 月，孝感市通过省卫生城市检查团考核验收，被评为省级卫生城市。

9 月 28 日，湖北汤池温泉度假区建成开园。汤池温泉为全国五大高温温泉之一，位于应城与天门、京山交界处。

10 月 11 日，央视综艺节目“孝感动苍穹·激情广场”大型演唱会在孝感学院人文广场举行。

11 月 25 日，湖北省孝文化研究基地在孝感学院成立。12 月 17 日，湖北省孝文化研究会在湖北职业技术学院成立。

2006 年

6 月 5 日，孝感（香港）经济合作洽谈会在港岛香格里拉大酒店举行。共签订利用外资项目 39 个，总投资 4.3 亿美元，引资额达到 3.86 亿美元。

7 月 4 日，孝感城区“禁麻”（三轮车）工作开始实施。共收购、销毁各种营运三轮车 1063 辆，发放交车补偿金 331.6 万元。

10 月 12 日，孝感（汤池）金秋十月经贸洽谈会签约仪式隆重举行，国内知名企业家和美国、法国、意大利、德国、俄罗斯、新加坡、韩国等外国实业界人士 300 多人出席签约仪式，共计签约 60 个项目，总投资 48 亿元。

12 月 23 日至 27 日，中国共产党孝感市第四次代表大会在孝感召开。大会选举产生中共孝感市第四届委员会领导成员，黄关春当选为市委书记。大会号召全市人民“为建设经济强市、构建和谐孝感而努力奋斗”。

2007 年

1 月 22 日至 26 日，政协孝感市第四届委员会第一次会议在孝感召开。大会选举产生政协孝感市第四届委员会领导成员，李广波当选为市政协主席。

1 月 23 日至 27 日，孝感市第四届人民代表大会第一次会议在孝感召开。大会选举产生孝感市第四届人民代表大会常务委员会领导成员、人民政府领导成员和中级人民法院院长、人民检察院检察长。黄关春当选为市人大常委会主任，梁惠玲当选为市人民政府市长。

1 月 28 日，孝感市首届“外出创业十大新闻人物”颁奖晚会在市体育馆举行。

4 月 25 日，孝感市委、市政府召开“三城”同创暨城市管理动员大会，提出在未来 2—3 年中，将孝感建设成为中国优秀旅游城市、全国文明城市创建工作先进城市和湖北省园林城市。2010 年 1 月，孝感市被授予“湖北省园林城市”“中国优秀旅游城市”称号。

5 月 15 日，孝感市开发区与华中科技股份有限公司签订“中国光谷 · 华中科技孝感产业园”投资项目合同，首期投资 2 亿元，主要生产电子元器件及大功率激光成套设备。

5 月 21 日，孝感（香港）经济合作洽谈会在香港喜来登酒店举行，共签订利用外资合同 36 个，总投资额达 4.5 亿美元，引资额达 3.9 亿美元。

8 月 28 日，《孝感市城市总体规划编修（2007—2020）纲要》出台。规划总体战略是对接武汉，积极融入武汉城市圈建设，把孝感建设成为武汉城市圈重要的经济板块，让孝感成为武汉城市圈西北翼的副中心城市。

10 月 11 日，2007 年孝感（观音湖）金秋十月经贸洽谈会项目签约仪式在观音湖举行。此次洽谈会上共签订招商引资项目合同 56 个，总投资 78 亿元。

2008年

1月9日至11日，由新华社、《经济日报》、中央人民广播电台、中国国际广播电台组成的中央主要新闻单位采访团来到孝感，深入采访报道孝感市学习贯彻党的十七大精神，建设“两型社会”试验区情况。

5月中下旬，全市各级各部门和社会各界心系四川地震灾区人民，自觉踊跃捐款捐物。截至5月18日，已向四川地震灾区捐款1415万元。5月21日，孝感市组织1000顶帐篷装车启运，驰援四川地震灾区。

6月4日，考古工作者在孝感市孝南区朋兴乡叶庙村和七分村一带，发现一处距今约5500年的新石器时代城址。

6月，孝感市委、市政府在深圳举行孝感（深圳）经贸洽谈会暨项目签约仪式。共签约项目24个，总投资56亿元。

8月5日，孝感市委召开市级领导干部会议。会议宣布中共湖北省委决定：梁伟年任中共孝感市委委员、常委、副书记。15日，市四届人大常委会第十一次会议任命梁伟年为市人民政府副市长、代理市长。9月27日，市四届人大四次会议选举梁伟年为孝感市人民政府市长。

8月28日，孝感（长三角地区）经贸洽谈项目签约仪式在上海浦东香格里拉大酒店隆重举行，共有26个项目签约，总投资额42.1亿元。

9月18日，《人民日报》、新华社、《光明日报》、《经济日报》、中央人民广播电台、中央电视台、《中国青年报》、《中国教育报》等8家新闻媒体记者来到孝感，集中采访湖北职业技术学院学生谭之平。

10月17日，“中国·孝感‘孝文化与现代文明’国际研讨会”在孝感学院开幕。来自海内外100多名知名专家、学者参加了研讨会。

2009年

3月24日，2009孝感（北京）投资说明会暨项目签约仪式在北京香格里拉饭店举行。会上共有10个项目签约，总投资14.7亿元。

3月25日，全市第二批深入学习实践科学发展观活动动员大会召开。此次活动以县级以上领导班子和领导干部为重点，全体党员参加，历时 6 个多月，以提高思想认识、解决突出问题、创新体制机制、促进科学发展为主要任务。

3 月 26 日，2009 孝感（天津）投资发展与回归创业恳谈会在天津金皇大酒店举行。会上共有 8 个项目正式签约，总投资 9.9 亿元。

4 月 4 日至 8 日，孝感市组团参加第十三届中国东西部合作与投资贸易洽谈会。会上签约项目 4 个，总投资 5.75 亿元。

6 月 13 日，2009 孝感—深圳（珠三角地区）经贸洽谈项目签约仪式暨招待午宴在深圳举行。此次活动共有 20 个项目正式签约，总投资 63.4 亿元，合同引资 61.5 亿元。

6 月 23 日，湖北深圳高新产业园暨项目奠基典礼在孝感市开发区举行。

10 月 13 日，孝感（天紫湖）金秋十月经贸洽谈会举行。本次经洽会共有 137 位海内外客商应邀参加，签约项目 43 个，总投资 85.6 亿元。

10 月 16 日，“中国·孝感‘孝文化与科学发展观’国际研讨会”在孝感学院开幕。来自海内外从事孝文化研究的 160 多位知名专家、学者参加了研讨会。

2010 年

4 月 17 日至 24 日，孝感市经贸文化代表团赴台参加第七届湖北台湾周活动。孝台经贸文化合作共签约 25 个项目，总投资 9.29 亿元。

5 月 14 日至 19 日，《走遍中国——孝感》系列专题片在中央电视台中文国际频道黄金时段连续播出。每天一期，每期 30 分钟，共 180 分钟。

5 月，云梦皮影戏、三节龙两个项目成功入选第三批国家级非物质文化遗产名录。

8 月 12 日，央视综合频道《身边的感动》栏目以《好支书严大平》为题，专题报道新时期焦裕禄式的村支部书记——安陆市王义贞镇三合村党支部书记严大平。

9 月 30 日，孝感雕花剪纸顺利通过联合国教科文组织保护非物质文化遗产政府委员会审批，正式列入《人类非物质文化遗产代表作名录》。

12 月，孝感市委、市政府决定成立中共孝感市委临空经济区工作委员会、孝感市临空经济区管理委员会。2011 年 6 月 18 日，孝南区闵集乡整体交由市临空经济区托管，标志着市临空经济区正式成立。

2011 年

4 月 7 日，孝感市委召开市级领导干部会议。会议宣布中共湖北省委决定：陶宏任中共孝感市委委员、常委、副书记。14 日，市四届人大常委会第二十九次会议选举任命陶宏为孝感市人民政府副市长、代理市长。

6 月 29 日，孝感市隆重召开庆祝中国共产党成立 90 周年大会。

6 月，全省首家焊接机器人生产企业——应城骏腾发自动焊接装备有限公司正式入选国家级高新技术企业。

8 月 23 日，孝感·苏州（长三角地区）经贸洽谈会暨项目签约仪式在苏州举行，共签约项目 42 个，合同引资额达 142.9 亿元。

8 月，新华社、《光明日报》、《经济日报》、中央人民广播电台、中央电视台、《中国青年报》及所属新闻网站集中采访报道孝感学院新技术学院信息工程系大学生田强捐髓救人的先进事迹。

9 月 19 日，孝感市与中央企业举行深化合作恳谈会。中国三江航天集团、中国石油、华能集团、湖北中汽零汽车产业有限公司、湖北华中光电、国电集团 6 家企业与孝感签约，协议投资额达 364 亿元。

10 月 17 日至 18 日，2011 孝感（汤池）金秋十月经贸洽谈会举行。本次经洽会集中签约招商引资项目 50 个，投资总额达 382.2 亿元。

12 月 19 日至 23 日，中国共产党孝感市第五次代表大会在孝感召开。大会选举产生中共孝感市第五届委员会领导成员，黄关春当选为市委书记。大会号召全市人民“在新的历史起点上推进孝感市跨越式发展，为加快建设武汉城市圈副中心城市而努力奋斗”。

2012年

1月4日至8日，政协孝感市第五届委员会第一次会议在孝感召开。大会选举产生政协孝感市第五届委员会领导成员，李广波当选为市政协主席。

1月5日至9日，孝感市第五届人民代表大会第一次会议在孝感召开。大会选举产生孝感市第五届人民代表大会常务委员会领导成员、人民政府领导成员和中级人民法院院长、人民检察院检察长。陶宏当选为市人民政府市长。

2月8日，孝感被中央文明委授予“第三届全国未成年人思想道德建设工作先进城市”荣誉称号。

2月，云梦秦简在中央电视台《国宝档案》栏目首播。云梦秦简与黄陂商代盘龙城、江陵西汉古尸、随州曾侯乙编钟一起，被列入湖北考古四大发现，还被列入全国十大考古发现。

8月3日，孝感市委召开全市领导干部大会。会议宣布中共湖北省委决定：陶宏任中共孝感市委书记；滕刚任中共孝感市委委员、常委、副书记，提名为孝感市人民政府市长候选人。21日，市五届人大常委会第四次会议任命滕刚为市人民政府副市长、代理市长。9月8日，市五届人大二次会议选举滕刚为孝感市人民政府市长。

8月，国务院同意孝感高新区升级为国家高新技术产业开发区，定名为孝感国家高新技术产业开发区，实行现行的国家高新技术产业开发区政策。

9月28日，京广高铁孝感北站正式开通。

12月12日至18日，第21届中国食品博览会暨交易会在武汉国际会展中心举行。孝感市组织了14家企业60多类食品参展，累计现场销售85万元，达成合作协议18.6亿元。

12月29日，孝感市社会福利和医疗康复中心迁建工程开工。整个工程占地135亩，建筑面积6万平方米，投资2.28亿元，于2015年竣工并实现整体搬迁。

2013年

1月5日，中共孝感市委五届四次全体（扩大）会议暨全市经济工作会议召开。全会讨论通过中共孝感市委关于深入贯彻落实党的十八大精神，大力推进“五个跨越”、加快建设“五个城市”的决议；关于贯彻落实中央政治局“八项规定”改进学风、会风、文风、话风、事风的决议；关于组织实施牵动孝感发展全局100个重大工程项目建设的决议。

1月18日至21日，孝感市委、市人大、市人民政府、市政协机关等32家部门和单位办公地点搬迁至孝感市乾坤大道123号（今复兴大道1号）。

8月25日，省农业厅在安陆召开学习周小贺先进事迹座谈会，来自新华社、《人民日报》、《经济日报》、《农民日报》、人民网、《湖北日报》、湖北卫视等12家中央驻鄂媒体及湖北省直主流媒体聚焦以身殉职的植保干部周小贺。

8月，国家知识产权局下发文件确定孝感市为国家知识产权试点城市。孝感是湖北省当年唯一获批的地级城市。

9月，湖北省科技厅正式批复同意孝感市开展国际科技合作创新园建设。这是全省首家国际科技合作创新园。

10月11日，孝感市委、市政府召开魅力孝感20年先进模范人物表彰暨推进孝感第三次创业动员大会。会上表彰了建市20年最具影响力先进模范人物、孝感市十佳孝子、第三届突出贡献人才和首届孝感市文化名家。

10月，孝感市荣膺“中国孝文化之乡”称号。

11月，2013年全国县市科技进步考核结果公布，孝感市连续5届荣获“全国科技进步先进城市”称号。孝感市所辖孝南区、汉川市、应城市被评为全国科技进步先进县市，应城已连续七届获得该项荣誉。

12月9日，孝感市被教育部批准为“国家中小学教育质量综合评价改革实验区”。

2014年

1月，孝感市邓家河湿地公园开工建设。该公园占地3.25平方千米，预计投资23亿元。

1月，中央组织部决定，追授云梦县委组织部原干部涂红刚“全国优秀组织工作干部”称号，并在全国组织系统广泛开展向涂红刚学习的活动。

2月8日，全市党的群众路线教育实践活动动员会议召开。这次教育实践活动历时 8 个多月，以树立群众观念、解决突出问题、改进工作作风、建立长效机制为主要任务。

2 月，朱湖湿地被列入国家湿地公园试点名单。这是孝感市第一家国家湿地公园。

4 月 15 日至 5 月 5 日，第 115 届中国进出口商品交易会（简称广交会）在广州举行。孝感市共有参展企业 43 家，拥有展位 81 个，参展企业及展位数均列全省第一位（不含武汉市）。全市参展企业共实现成交或意向性成交总额 7200 万美元，较上届增长 6%。

6 月 17 日至 18 日，新华社湖北分社、人民网、新华网、《中国税务报》、《湖北日报》、荆楚网、《楚天都市报》、《长江商报》等 17 家中央和省市级媒体，对孝感市国税局“刘磊式服务”团队进行为期两天的集中采访。

6 月 26 日，孝感市全面深化改革领导小组办公室成立，与中共孝感市委政策研究室（中共孝感市委财经工作领导小组办公室）共一个机构，挂三块牌子（简称市委政研室〈市改革办、市委财经办〉），为市委工作部门。

7 月 2 日，富邦科技正式登陆创业板。这是近两年来，湖北省首家 IPO 上市的企业，也是孝感市继 1999 年福星科技股份有限公司上市之后的又一家上市企业。

9 月 20 日至 22 日，重阳与亚洲孝道文化国际论坛暨国际亚细亚民俗学会第十五次学术大会在孝感市举行。来自韩国、日本、蒙古、英国、德国等 15 个国家和中国的 100 多位知名学者共同研讨重阳节日文化与孝道文化，推动孝文化走向世界。

9 月，孝感市共有 8 项科技成果入围湖北省 2014 年度科技奖，位居全省市州前列。其中科技进步奖一等奖 1 项，二等奖 1 项，三等奖 5 项；科技型中小企业创新奖 1 项。“高氨氮复杂成分合成氨工业废水处理的关键技术”获省科技进步一等奖，这是孝感市企业产学研合作项目首次获省级大奖。

10 月 9 日，孝感舒氏（集团）有限公司的“舒氏”商标被认定为中国驰名商标。至此，全市中国驰名商标总数已达 11 件。

10 月 22 日至 26 日，“2014 形象中国 · 百家媒体聚焦魅力孝感”摄影采访活动举行。全国 105 家媒体，180 多名代表参加活动。其中中央级媒体 10 家，省级媒体 20 家，市州级媒体 75 家，涉及全国 30 个省市自治区，是孝感历史上规模最大、层次最高、参与媒体最多的一次集中新闻采访活动。

10 月 23 日，孝感广电传媒集团正式挂牌运营。

11 月，由住建部、文化部、国家文物局、财政部、国土资源部、国家旅游局等部门联合发文公布的第三批中国传统村落名录中，孝感市孝昌县小悟乡向阳村、大悟县丰店镇桃岭村九房沟、安陆市王义贞镇钱冲村三个村落榜上有名。

2015 年

1 月 9 日，全球最大汽车照明灯具公司——日本株式会社小糸制作所在孝感高新区投资建设的小糸车灯项目开工。

2 月 5 日，孝感市“十大孝子”刘青枝当选“荆楚楷模·湖北好人榜之孝亲敬老榜”2014 年年度人物，并参加当晚举行的“荆楚楷模”颁奖仪式。

2 月 11 日，湖北优尼科光电技术股份有限公司成功在全国中小企业股份转让系统（俗称“新三板”）挂牌。

4 月 15 日，由两个世界 500 强企业参与投资的华中马瑞利汽车照明项目在市高新区华中光电产业园正式投产。

5 月 11 日，全市“三严三实”专题教育工作座谈会召开。此次专题教育在县处级以上领导干部中开展，是党的群众路线教育实践活动的延展深化，历时 8 个多月。

5 月 12 日，《2015 全国优选旅游项目名录》公布。应城市应城国家矿山公园团山风景区项目、大悟县湖北十八潭旅游文化度假区项目位列其中。

5 月 15 日，湖北神磁环保科技有限公司在沪挂牌，成为当年全市首家在上海股权托管交易中心上市的企业。

6 月，孝感市槐荫公园建设第三期工程竣工。该公园分三期建设，2003—2006 年完成第一期工程，2012—2014 年完成第二期工程，2013—2015 年完成第三期工程，总建筑面积 246 万平方米。

7 月 8 日，提爱思、铃与国际、松本、总和 4 个日资项目在孝感高新区集中开工。

8 月，全国工商联发布 2015 年中国民营企业 500 强榜单，福星集团是孝感市唯一入围的企业，位列 237 名。

10 月 1 日，湖北三江航天万山特种车辆有限公司 QC/T995-2015《液压驱动模块运输车》汽车行业标准，经工信部公告（2015 年第 28 号）后正式实施，标志着万山公司研制生产的“液压驱动模块运输车”产品在全国处于技术领先地位。

12 月 18 日，投资 6 亿元的日本友成项目在孝感市高新区奠基开工。

2016 年

2 月 22 日，孝感市机关事业单位养老保险制度改革正式启动。此次改革以 2014 年 10 月 1 日为界限，由单位保障变为社会保险方式，同时由财政或单位筹集养老资金变为单位和个人缴纳养老保险费，采取“老人老办法、新人新办法、中人逐步过渡”办法，确定参保人员基本养老待遇。

2 月，中央电视台、《工人日报》、《湖北日报》、人民网、新华网等中央和省级媒体，相继报道了国网孝感供电公司 3 名输电工高速公路奋勇扑火的事迹。

3 月，孝感市申报的《“1+5+X”四级矛盾纠纷多元化解平台建设》项目被中央综治办选定并列入“全国矛盾纠纷多元化解工作创新项目”之一，成为全省唯一入选课题。

5 月 13 日，316 国道孝感段改建工程正式通车。

5 月 28 日，在第十届中国（武汉）国际园林博览会闭幕式上，孝感市被住建部正式授予“国家园林城市”牌匾。

8 月 8 日至 12 日，孝感市经贸代表团参加 2016 鄂港澳粤经贸合作洽谈活动，促成了一批投资项目签约，项目投资总额达 105 亿元。

9 月，住建部、国家发展改革委、财政部、国土资源部、农业部、民政部、科技部等 7 部委共同发布《全国 3675 个重点镇名单》，孝感市孝南区肖港镇、孝昌县花园镇、大悟县河口镇、宣化店镇、云梦县伍洛镇、应城市黄滩镇、安陆市洑水镇、汉川市马口镇、沉湖镇等 9 个镇入选。

10 月 28 日至 30 日，第四届旅游业融合与创新论坛暨 2016 最美中国榜盛典在贵州思南举行，孝感市荣膺“2016 最美中国榜”，被评为“最美中国・文化魅力、特色魅力旅游胜地”“最美中国・美丽乡村旅游胜地”。

12 月 1 日，武孝城际铁路正式开通运营。

12 月 21 日至 24 日，中国共产党孝感市第六次代表大会在孝感召开。大会选举产生中共孝感市第六届委员会领导成员，陶宏当选为市委书记。大会号召全市人民“加快建设五个城市，为全面建成小康社会而努力奋斗”。

2017 年

1 月 4 日至 7 日，政协孝感市第六届委员会第一次会议在孝感召开。大会选举产生政协孝感市第六届委员会领导成员。

1 月 5 日至 9 日，孝感市第六届人民代表大会第一次会议在孝感召开。大会选举产生孝感市第六届人民代表大会常务委员会领导成员、人民政府领导成员和中级人民法院院长、人民检察院检察长。陶宏当选为市人大常委会主任，滕刚当选为市人民政府市长。

4 月 1 日，孝感市首部实体地方性法规——《孝感市城乡规划条例》正式施行。这部《条例》是孝感市获准行使地方立法权后制定的首部实体地方性法规。

5 月 3 日，孝感市委召开全市领导干部大会。会议宣布中共湖北省委决定：滕刚任中共孝感市委书记。

5 月 9 日，孝感市委召开市级领导干部会议。会议宣布中共湖北省委决定：吴海涛任中共孝感市委委员、常委、副书记，提名吴海涛为孝感市人民政府市长候选人。18 日，在孝感市第六届人民代表大会第二次会议上，吴海涛当选为孝感市人民政府市长。

6 月 14 日，鄂豫边区革命烈士陵园被国家国防教育办公室授予国家国防教育示范基地荣誉称号。

7 月 25 日，“聚焦孝感 2017”全国网络媒体孝感行活动启动。人民网、新华网、中国网、中国青年网、央广网、湖北日报网、《湖北日报》等中央和省级共20余家网络媒体组成采访团，聚焦孝感招商引资发展态势，为助力孝感打造全省区域性增长极营造浓厚氛围。

7月，孝感市申报的城市地下综合管廊一期工程项目获批国家发展改革委2017年城镇基础设施投融资模式创新中央预算内投资4000万元，成为全省唯一获批资金补助的项目。

7月，三江万峰公司研发调试的高速隔板放置机器人一体机通过用户在线验收，此举标志着该公司成为国内首家成功掌握柔性高速隔板机器人技术的企业。

9月，中国三江航天集团万峰公司申报的行业标准《饲料机械永磁筒式磁选机》通过工业和信息化部立项。这是该公司产品军转民获得的首个国家立项的民用行业标准。

10月，在第七届全国建筑企业经营和劳务管理经验交流会暨建筑工人实名制管理现场观摩会上，孝感市被授予全国“建筑劳务输出示范基地”荣誉称号，成为湖北省唯一获此殊荣的城市。孝感市双德建筑工程有限责任公司、湖北远大建筑劳务有限责任公司、孝感方园建筑劳务有限公司3家劳务企业荣获“中国建筑劳务200强企业”荣誉称号。

11月9日，财政部政府和社会资本合作（PPP）中心、中央党校新型城镇化课题组共同推出《PPP示范项目案例选编——城镇综合开发（第三辑）》共收集7个典型案例，孝感市文化中心PPP项目成功入选。

11月24日，一款集模块化设计、静液压闭式驱动为一体的全球最大智能化液压防爆支架搬运车，在航天重工成功研制，改写了当时国内外液压防爆支架搬运车最大载重量80吨的历史。该项目被国家列入《中国制造2025—能源装备实施方案》《煤炭工业发展“十三五”规划》重大工程。

12月20日，武汉至大悟高速公路（武大高速）开工，计划于2023年建成通车。

2018年

1月17日，2017年度湖北名牌产品名单发布。孝感市27家企业的33个产品榜上有名，其中制造业32个，物流服务业1个。至此，孝感市有效期内的湖北名牌累计达到98家，总量仅次于武汉和宜昌，连续三年位列全省第三。

1月28日，童家湖特大桥正式通车，汉孝大道全线贯通。孝感与武汉进入“同城时代”。

2月5日，孝感新增中国驰名商标两件，分别是湖北米婆婆生物科技股份有限公司的“米婆婆”商标、孝感舒氏（集团）有限公司的“九头鸟”商标。

2月12日，孝感市民之家正式开放。

3月6日，孝感市首家资产管理公司湖北澴泰资产管理公司正式签约成立。

8月14日，湖北华辰凯龙电力有限公司的“电力需求侧管理系统”入选国家“工业大数据应用服务试点示范”。

9月7日，航天重工自主研制生产的矿用新能源防爆无轨胶轮辅助运输装备与关键技术荣获中国煤炭协会科学技术一等奖。

10月28日，总投资500亿元的佳兆业空港凤凰科技城项目在市临空经济区开工奠基。

11月10日，2018中华孝文化高峰论坛在孝感市中华敬老园举行。来自中共中央党校（国家行政学院）、中国社会科学院、中国人民大学、中国伦理学会等高等院校和学术机构的30余位研究中华优秀传统文化的专家学者围绕“孝文化与中华文化自信”主题展开探讨交流，助力中华孝文化名城建设。

11月19日，国家级非遗传人、云梦籍皮影戏大师秦礼刚制作的皮影作品入选美国集邮集团中国艺术基金会推出的《纪念改革开放40周年——世界邮票上的中国艺术家》大型限量版纪念邮册，在世界各国限量发售。

11月21日，在第五届湖北省生态文化论坛上，孝感市荣获“湖北省森林城市”称号。

12月28日，孝感红贡茶与长江传媒集团合作在俄罗斯格林伍德建设了全国首家“中国茶海外仓储式展销中心”，吸引全国9个省100多家茶企入驻。

2019年

1月10日，孝感市2018年第四季度招商引资集中签约仪式举行。21个项目集中签约，总投资132.98亿元。

1月16日，第十届中国轻工商品博览会各项评奖揭晓。孝感麻糖米酒有限责任公司的“孝感麻糖”获评中国轻工业联合会颁发的“中轻万花杯”金奖，应城市恒茂食品有限公司的“黄滩牌冰油五年陈酿”获评“中轻万花杯”银奖。

2月12日，全市机构改革工作动员大会召开。在这次机构改革中，中共孝感市委设置纪检监察机构1个，计入工作机构限额的工作机构14个。孝感市人民政府设置工作部门32个。

2月18日，全市固定资产投资暨招商引资工作会议召开。会议动员全市上下精准对接省“一芯两带三区”区域和产业发展战略布局，全力以赴争项目，解放思想招项目，真心实意优服务，千方百计把资金要回来、引进来、投下去，掀起项目储备提质年、社会投资促进年、项目建设竞进年活动热潮，以扩大有效投资夯实一季度“开门红”、全年“满堂红”基础。

3月15日，全市扫黑除恶专项斗争领导小组全体扩大会议召开。会议要求深入贯彻习近平总书记关于扫黑除恶专项斗争的重要指示精神，紧扣深挖根治阶段性目标，坚决扛起政治责任，突出重点，强化措施，不断推动扫黑除恶专项斗争向全面纵深发展。

4月8日，孝感市文化中心主体工程竣工，并通过质量验收。该项目总建筑面积13.52万平方米，总投资14.29亿元。

4月12日，孝感市2019年第一季度招商引资集中签约活动举行。此次活动展示了全市上下精准对接省“一芯两带三区”区域和产业发展战略布局、践行“十抓十促”发展路径、坚持“十个带头”、坚持“项目为王”理念、开展项目建设竞进年活动最新成果。

5月11日，孝感市脱贫攻坚指挥部第一次全体会议召开。会议要求坚持精准方略，聚焦聚力解决突出问题，夯实稳定脱贫基础，确保如期完成“三个确保”目标任务。

5月14日至19日，孝感茶叶参加在杭州举办的第三届中国国际茶叶博览会。会上，孝感红贡茶有限公司与俄罗斯茶叶咖啡生产者协会签下5亿元订单。

6月4日，湖北省美好环境与幸福生活共同缔造活动示范村名单公布。孝昌县王店镇磨山村、应城市义和镇新六村、云梦县伍洛镇青春村、云梦县义堂镇红光村进入全省示范村名单。

7月4日，全市实施乡村振兴战略暨美丽乡村建设推进会召开。会议要求对标对表全面建成小康社会必须完成的硬任务，扎实推进孝感乡村振兴和美丽乡村建设。

7月5日，孝感市举行2019年第二季度招商引资项目集中签约活动。30个项日集中签约，总投资275.2亿元。

7月8日，全市推进高速公路ETC发展应用工作会议召开。会议要求坚持政府引导、市场主导、社会参与原则，加快推进高速公路ETC应用发展。

7月22日，武汉轻工大学临空校区项目合作框架协议签约仪式在孝感市行政中心举行。该项目位于孝感临空经济区教育科研园内，计划总投资42亿元，校园总体规划用地约2500亩，总体规划建筑面积不少于80万平方米，主要建设内容包括教学楼、图书馆、学生宿舍等12项必须配置的校舍项目，办学规模为全日制在校生2万人。

7月23日至27日，孝感市政府代表团应邀赴日本开展经贸洽谈、招商推介及友城对接活动，取得丰硕成果。

8月22日至24日，2019中国民营企业500强峰会在青海省西宁市召开，会上发布了2019中国民营企业500强榜单。福星集团控股有限公司入选榜单，排名第298位，是孝感市唯一入选该榜单的民营企业。

8月30日，孝感市政府颁布《孝感市生活垃圾分类总体实施方案》，确定了“六年四步走”的阶段性年度目标任务。随后召开了全市生活垃圾分类工作动员会。

9月12日，全市“不忘初心、牢记使命”主题教育动员大会召开。此次主题教育在全市党员、干部中进行，历时3个多月，将学习教育、调查研究、检视问题、整改落实四项重要措施贯穿教育的全过程。

9月20日，首届湖北省地理标志大赛暨品牌培育创新大赛在武昌圆满落幕。全省共101个地方特色产品参加大赛，孝感米酒夺取决赛金奖第一名，孝感早蜜桃、朱湖糯米、应城糯米、云梦鱼面、安陆白花菜、南乡萝卜、大悟绿茶、孝昌血桃 8 个产品获得大赛优秀奖。

10 月 11 日，2019 中华孝文化高峰论坛在孝感市中华敬老园举行。此次论坛吸引来自中国人民大学、中国伦理学会、中国曾子研究会、中共北京市委党校等高等院校和学术机构的 20 多位研究中华优秀传统文化的专家学者参加。

2020 年

1 月 20 日，国务院联防联控机制召开电视电话会议，对新冠肺炎疫情防控工作进行全面部署。当晚，孝感市委召开常委会（扩大）会议，深入学习贯彻习近平总书记关于疫情防控工作的重要讲话和重要指示精神，全面落实党中央决策部署和省委工作要求，对全市疫情防控工作进行紧急动员部署。

1 月 21 日，孝感市委办公室、市政府办公室印发《关于成立孝感市新型冠状病毒感染的肺炎疫情处置联合防控领导小组和工作专班的通知》。

1 月 23 日，从即日起，孝感市疫情防控指挥部根据疫情发展情况，共计发布了 17 条防控命令，对发热门诊医疗机构、定点救治医疗机构、病毒检查检测、佩戴口罩、交通管制、市场监管、路口管控、餐饮服务单位暂停营业、公共场所消毒、限制车辆人员流动、全面发起总攻等重大防控事项提出了明确要求。

1 月 27 日凌晨 2 时，重庆市第一批对口支援湖北孝感医疗队 144 人抵达孝感。抗疫期间，重庆市累计派出 7 批医疗队 530 名医务人员支援孝感；累计直接救治新冠肺炎确诊患者 1107 例、治愈出院 1097 例，治愈率 99.1%；累计共同救治确诊患者 190 例，累计诊疗疑似病例 840 例；国家卫生健康委先后 18 次刊发重庆对口支援队典型做法和先进经验。

2 月 12 日，黑龙江省对口支援湖北孝感医疗队的 316 名医疗队员从哈尔滨乘坐南航包机飞抵孝感。随后又增派 3 批医疗队员，队员总数达到 550 名。抗疫期间，黑龙江对口支援孝感医疗队累计收治汉川、应城、安陆 3 个县级市在院患者 1016 例，其中重症 121 例、危重症 70 例，治愈出院 391 例。

2 月 28 日，中共孝感市委决定，追授罗桂梅、黄文军二人“全市优秀共产党员”称号。2 月 20 日，大悟县滨河学校党总支委员、少先队大队辅导员罗桂梅在新冠肺炎疫情防控一线连续战斗 7 天后，过度劳累突发脑出血，经抢救无效去世，年仅 42 岁。2 月 23 日，孝感市中心医院呼吸内科副主任医师黄文军因在抗疫一线不幸感染新冠肺炎，经多方抢救无效去世，年仅 43 岁。4 月初，湖北省人民政府评定黄文军为烈士。

2 月 29 日，孝感市累计确诊病例 3518 例，当日新增确诊病例 0 例。此后连续 20 天无新增确诊病例。同时实现确诊病例“清零”。

3 月 11 日，孝感市委召开市委常委会（扩大）会议，传达贯彻党中央决战决胜脱贫攻坚工作电视电话会议精神和习近平总书记视察湖北疫情防控工作时的重要讲话精神，研究落实省委常委会议要求，部署全市疫情防控、脱贫攻坚及有序恢复生产生活秩序工作。

3 月 26 日，孝感市重大项目集中开工活动在市高新区、市临空区和 7 个县市区同时举行，标志着孝感市按下经济社会发展的“重启键”“加速键”。截至 3 月 30 日，全市已复工复产企业 2579 家，复工率 96.3%，到岗人数 297488 人，复岗率 88.1%。

4 月 18 日，孝感市召开全市推进以社区为重点的全社会疫情防控常态化管理工作电视电话会议。会议强调，防疫大战仍在继续，没有暂停，更没有终止；要坚持慎终如始，坚持做到“五个结合”（应急与谋远相结合、重点与一般相结合、宣传引导与个人防护相结合、履责与问责相结合、防疫与改革发展稳定相结合）。要求社区坚决做到身份必问、体温必测、信息必录、口罩必戴，切实做好社区常态化疫情防控工作。

5 月 6 日，全市高中（中职）三年级学生开学复课。5 月 20 日，全市初中毕业年级学生统一开学。9 月 1 日，全市普通高中、中职学校、初中二三年级，小学二至六年级开学。9 月 7 日，全市初中一年级、小学一年级、幼儿园开学。至此，全市各级各类学校全面开学复课。

9 月 8 日，全国抗击新冠肺炎疫情表彰大会在京举行。孝感的谢志斌等 11 人获评全国抗击新冠肺炎疫情先进个人（含追授 1 人），孝感市第一人民医院等 3 个集体获评全国抗击新冠肺炎疫情先进集体。

10 月 8 日，据统计，“双节”（国庆、中秋）长假期间，全市旅游景区、文化场馆、文旅企业在做好常态化疫情防控的前提下安全有序经营，共接待游客 117.6 万人次，实现旅游综合收入 5.57 亿元。

10 月 10 日，孝感市抗击新冠肺炎疫情表彰大会在市行政中心会议中心礼堂隆重举行。299 名先进个人、100 个先进集体和 50 名优秀共产党员、30 个先进基层党组织受到表彰。

10 月 13 日，孝感市委召开全市领导干部大会。会议宣布中共湖北省委决定：吴海涛任中共孝感市委书记。

2021 年

1 月 11 日，孝感市委召开市级领导干部会议。会议宣布中共湖北省委决定：熊征宇任中共孝感市委委员、常委、副书记。20 日，市六届人大六次会议选举熊征宇为孝感市人民政府市长。

1 月，孝感市老澴河综合治理第一期工程竣工，完成总投资 155 亿元，实现“安居、治污、发展”目标。随后第二期工程迅速开工，计划总投资 48 亿元。

2 月 27 日，孝感市 2021 年第一季度重大项目集中开工活动在市高新区、市临空区和 7 个县市区同时举行，共开工重大项目 146 个，总投资 673 亿元，年度投资 251 亿元。

3 月 5 日，全市党史学习教育动员大会召开。会议要求全市党员干部学党史、悟思想、办实事、开新局，做到学史明理、学史增信、学史崇德、学史力行，以优异成绩庆祝建党 100 周年。

3 月 22 日，孝感市疫情防控指挥部召开会议，安排部署新冠病毒疫苗接种工作。会议要求按照全国、全省新冠病毒疫苗接种工作电视电话会议精神和省防控指挥部疫苗接种方案，精心组织、精准安排，提升能力、优化服务，确保疫苗接种工作安全有力有序推进。

4 月 22 日，新发展格局下中部崛起投资峰会在汉川举行。100 多位国内知名企业家代表、专家学者云集汉川，共同探讨投资发展话题，推动政银企互利共赢。

5 月 6 日，孝感市委、市政府召开全市城市创建工作动员大会。会议要求全市上下迅速掀起城市创建热潮，以全国文明城市创建为主要抓手，统揽国家卫生城市、国家园林城市、国家生态文明建设示范市、国家森林城市创建工作，确保如期实现“五城同创”既定目标。

5 月 23 日，武汉市与孝感市就市域（郊）铁路工程建设签订协议，双方代表共同签订《武汉孝感市域（郊）铁路工程建设框架协议书》。

6 月 11 日，孝感市供销社系统汉川市四梅种养殖专业合作社、孝感市双毫雨露茶叶花卉苗木专业合作社、大悟县河口镇富民农机农民专业合作社三家农民专业合作社被农业农村部评为 2020 年度国家级“农民合作社示范社”。

6 月 16 日，孝感市委、市政府召开孝汉同城化发展工作推进会议。会议要求坚决落实全省“一主引领、两翼驱动、全域协同”区域发展布局要求，加快推进孝汉同城化发展，为打造武汉城市圈副中心提供有力支撑。

6 月，孝感市顺利通过 2021 年系统化全域推进海绵城市建设示范竞争性评审，成功入选首批全国海绵城市建设示范城市，获得中央财政定额补助 10 亿元。

7 月 9 日，“数智孝感”建设工作会议召开。会议要求深化思想认识，优化提升规划，聚焦重点项目，完善机制建设，深入推动“数智孝感”建设。

7 月 13 日，天屿湖旅游度假区、应城国家矿山公园·爱漫文旅小镇顺利通过国家 4A 级旅游景区景观质量评审，被正式列入国家 4A 级旅游景区创建名单。

7 月 20 日至 22 日，中国农业龙头企业协会央联食品保障分会贯彻落实习近平总书记“搭把手、拉一把”的重要指示精神，组织 30 多家国家机关、中央企业会员单位来孝感开展优质农产品采购对接活动，巩固脱贫成果，助力乡村振兴，助推孝感农业农村现代化。

7 月 24 日，孝感市 2021 年第二季度招商引资项目集中签约活动举行。此次活动共签约 38 个项目，总投资 370 亿元。投资过 10 亿元的项目共 9 个，其中华港（空港）国际产业园项目计划投资超过百亿元。

8 月，中央文明办发布 2021 年 7 月“中国好人榜”，湖北省三八红旗手、三江航天万峰公司电装车间印制板组组长刘建波作为“敬业奉献好人”光荣上榜。

9 月 10 日，孝感市与武汉市签订战略合作框架协议，支持湖北三江航天万山特种车辆有限公司新能源重卡推广应用。

11 月 2 日，全市金融业高质量发展会议召开。会议要求坚持问题导向，强化系统思维，进一步解放思想、找准载体，加快补短板、强弱项，发挥金融要素支撑作用，以金融业高质量发展助力孝感经济社会高质量发展。

同日，全市全面推行林长制工作动员会召开。会议要求深化思想认识，强化政治责任，形成长效机制，厚植生态优势，为高质量发展提供有力生态支撑。

12 月 7 日至 9 日，中国共产党孝感市第七次代表大会在孝感召开。大会选举产生中共孝感市第七届委员会领导成员，吴海涛、熊征宇、陈惠霞、江浩、杭莺（女）、余德芳、程涛、刘红兵、吴琼、刘敏（女）、贺卫东当选为市委常委，吴海涛当选为市委书记，熊征宇、陈惠霞当选为市委副书记。大会号召全市人民“打造副中心，争当排头兵，为全面建设社会主义现代化强市不懈奋斗”。

2022 年

1 月 5 日至 7 日，政协孝感市第七届委员会第一次会议在孝感召开。大会选举产生政协孝感市第七届委员会领导成员，张汉平当选为市政协主席。

1 月 6 日至 8 日，孝感市第七届人民代表大会第一次会议在孝感召开。大会选举产生孝感市第七届人民代表大会常务委员会领导成员、人民政府领导成员和中级人民法院院长、人民检察院检察长。邓道伟当选为市人大常委会主任，熊征宇当选为市人民政府市长。

1 月 13 日，孝感市 2021 年第四季度全市招商引资项目集中签约仪式举行。共签约项目 34 个，总投资 439.5 亿元。

2 月，孝感市 2022 年第一季度全市重大项目集中开工活动举行，共开工亿元以上项目 174 个，总投资 1302 亿元，年度计划投资 382.7 亿元。

3 月，云梦县郑家湖战国秦汉墓地入选 2021 年中国考古新发现。

一季度，全市新增合同外资 23358 万美元；实际利用外资 12355 万美元，同比增长 45%，总量居全省第 4 位，其中，外商直接投资（FDI）9692 万美元，总量居全省第 2 位，同比增长 71.39%，完成省定 FDI 目标任务的 68.9%。外商直接投资占实际利用外资比重为 78.45%，居全省首位。

一季度，全市超计划完成交通固定资产投资 32.6 亿元，占年度目标 103.3 亿元的 31.56%。

4 月 1 日，自即日起，孝感市全域经批准取得商品房预售许可证的商品房开发项目统一实行“交房即办证”，做到住权与产权同步实现。

4 月 10 日，孝汉应高速公路（福银高速至武荆高速段）首片梁板架设成功，拉开了全线梁板安装的序幕。该项目全长 34.4 千米，预计建设工期 36 个月，总投资 78.44 亿元。

5 月 8 日，楚能新能源锂电池产业园项目正式开工。项目总投资 675 亿元，规划用地 3500 亩，设计产能 150GWh。2023 年 6 月 28 日，楚能新能源锂电池产业园一期项目正式投产。

5 月 26 日，全市党员干部下基层察民情解民忧暖民心实践活动动员部署会召开。会议要求全市党员干部深入基层一线倾听群众呼声，发现问题、解决问题、促进发展，保持平稳健康的经济环境、国泰民安的社会环境和风清气正的政治环境，以优异成绩迎接党的二十大胜利召开。

5 月，孝感市发改委发布信息 ：孝感市 2021 年度服务业发展评估成绩居全省第 5 位，被评定为“全省服务业发展贡献市”，获服务业发展引导资金奖励 900 万元。

6 月 6 日，孝感市奥林匹克体育中心项目开工仪式举行。该项目是湖北省第十七届运动会主场馆工程，占地 1000 亩，计划建设拥有 30000 个座位的体育场、8000 个座位的体育馆和 1500 个座位的游泳馆。

6 月，孝感市成功入选 2022 年全国农村黑臭水体治理试点支持城市名单。

上半年，孝感市新签约亿元以上项目 251 个，引进亿元以上项目总投资 2965.23 亿元。签约 10 亿元以上项目 43 个，其中 50 亿—100 亿元项目 8 个，100 亿元以上项目 6 个。

7 月 20 日，赛迪顾问县域经济研究中心发布 2022 年百强县榜单，汉川市位居第 91 位，比上一年度前进 6 位，连续三年跻身全国县域经济百强。汉川市先后获评全国县域营商环境百强、中国工业百强县市、全国新型城镇化质量百强县市、全国 GDP 百强县、全国治理能力百强县、全国投资潜力百强县市。

7 月 22 日，国家知识产权局正式公布《关于第二十三届中国专利奖授奖的决定》，三江航天万山公司的发明专利《可拆分式无轨移动车台和其转运方法》荣获“中国专利优秀奖”。

8 月 25 日，孝感市委召开市级领导干部会议。会议宣布中共湖北省委决定 ：胡玖明任中共孝感市委委员、常委、副书记。26 日，市七届人大常委会第五次会议任命胡玖明为市人民政府副市长、代理市长。9 月 17 日，市七届人大二次会议选举胡玖明为孝感市人民政府市长。

8 月，国家知识产权局公布首批国家知识产权强市建设示范城市和试点城市名单。孝感入选国家知识产权强市建设试点城市，试点示范时限自 2022 年 7 月至 2025 年 6 月。

9 月 15 日，全市美好环境与幸福生活共同缔造活动试点工作动员会暨专题培训会召开。

10 月，孝感市 5 个项目获得中央引导地方科技发展资金专项支持。这 5 个项目分别为孝感“七仙红”桃科技创新基地建设项目、现代纸卫品制造关键技术创新平台、孝南区香稻产业科技创新服务平台建设、云上梦品创新数字化助农综合服务平台建设项目、应城市海山科技创新创业服务平台。

11 月 15 日，全市 240 个老旧小区改造基本完工，累计完成投资 10.08 亿元，惠及居民 36936 户，完工率全省第一。

11 月，农业农村部公布了第十二批 396 个全国“一村一品”示范村镇名单，大悟县河口镇金墩村（抹茶）、云梦县下辛店镇白水湖村（藜蒿）入选。至此，孝感市共有全国“一村一品”示范村镇 14 个。

11 月，工信部公布第四批国家级专精特新“小巨人”企业名单，孝感市 18 家“小巨人”入列。至此，全市共有国家级专精特新“小巨人”企业 25 家，总量居全省第 4 位。

12 月 31 日，孝感城区的董永北路立交桥正式建成通车。

本年度，孝感市规模以上工业企业完成营业收入达到 3591.05 亿元，首次突破 3000 亿元大关，比上年增加 619.27 亿元，居全省第 4 位。其中，光电子信息、新能源汽车及零部件、纺织服装、食品饮料、盐磷化工、纸塑包装、高端装备制造、建材、大健康、新材料等十大主导产业合计完成营业收入 3303.6 亿元。全市营业收入过亿元企业 563 家，其中 1 亿—10 亿元企业 482 家，10 亿—30 亿元企业 69 家，30 亿—50 亿元企业 10 家，50 亿元以上企业 2 家。

本年度，孝感市高新技术企业总数达 603 家（国家备案中）。其中金凤凰纸业（孝感）有限公司、湖北富邦科技股份有限公司、湖北三江航天万峰科技发展有限公司、湖北三江航天万山特种车辆有限公司等 4 家企业入选湖北省高新技术企业百强。

2023年

1 月 3 日，2023 年度湖北省标准化试点示范项目公布，孝感市又有两个项目（湖北尖峰茶叶股份有限公司承担建设的茶叶种植标准化示范区和湖北鸿连实业有限公司承担建设的浸渍纸装饰材料生产标准化试点）榜上有名。至此，全市共有国家级标准化示范区项目 26 项，省级标准化示范区项目 19 项；已通过验收的国家级农业标准化示范区 16 个，省级农业标准化示范区 24 个，总数位居全省市州前列。

1 月 4 日，孝感市政务云密码支撑服务平台（简称“密码服务平台”）通过密评并上线运行。这是全省首个“跨云”密码服务平台。

1 月 5 日，应城国家矿山公园·爱漫文旅小镇获评国家 4A 级旅游景区。至此，孝感共有 10 家国家 4A 级旅游景区。

1 月 10 日，京港澳高速公路改扩建工程孝感段开工活动举行。此项工程建成后对孝感打造武汉都市圈重要节点城市有着重大促进作用。

1 月 11 日，孝感公交 21 路延伸至武汉公交 H89 东山大队停车场线路开通运行，实现孝感公交与武汉公交无缝衔接。这是孝感市首条开通运行的汉孝城际公交。

1 月 31 日，孝感市举行 2023 年第一季度集中开工活动。开工亿元以上项目 222 个，总投资 1085 亿元，年度计划投资 338.2 亿元，投资规模居全省第 5 位。

2 月 3 日，全市招商引资暨驻外招商工作会议召开。会议要求全市上下迅速掀起新一轮招商引资热潮，为孝感打造武汉都市圈重要节点城市提供强力支撑。同日，孝感市招商引资一季度“开门红”项目集中签约活动举行，签约项目 75 个，总投资 1409 亿元。

2 月 6 日，由孝客集团开发的孝感首条城际定制客运正式运行，为市民往返孝感城区及武汉天河机场提供点对点、门对门接送服务。

2 月 14 日，孝感市委召开市级领导干部会议，宣布中共湖北省委决定：胡玖明任中共孝感市委书记，吴庆华任中共孝感市委委员、常委、副书记。15 日，市七届人大常委会第十一次会议任命吴庆华为市人民政府副市长、代理市长。23 日，市七届人大四次会议选举吴庆华为孝感市人民政府市长。

2月15日，科技部火炬中心公布2022年度国家级创新型产业集群名单，孝感高新区（应城）生物农业创新型产业集群入选。至此，孝感成功培育出2个国家级创新型产业集群（全省共有16个国家级创新产业集群）。

2月17日，孝感市再次获得“全国无偿献血先进市”荣誉称号，这是孝感市连续7次获此殊荣。

2月18日，孝感英众超算终端科技产业园项目开工。该项目总投资20亿元，建成投产后可实现年营收40亿元。

2月21日晚，央视科教频道《创新进行时》栏目推出专题片《绝地运输》，近距离、全方位介绍了由航天重工联合研制生产的8.8米全球最大智能超大采高综采成套装备与示范工程。该工程项目荣获煤炭工业科技进步奖一等奖和中国创新设计银奖，填补中国在该设备领域中的一项空白。

2月22日，孝感市召开疫情防控工作电视电话会议。会议要求精准落实新型冠状病毒感染实行“乙类乙管”常态化防控措施，巩固好疫情防控成果，确保全市经济平稳健康发展、社会大局平安和谐稳定。

3月20日，住建部等6部门公布第六批列入中国传统村落名录的村落名单，大悟县丰店镇唐店村、吕王镇董湾村、彭店乡红寨村、三里城镇马鞍村等4个村落名列其中。至此，孝感市已有15个传统村落被列入国家级保护名录。

3月29日，孝感市职业技术学校（集团）项目开工。该项目占地面积710亩，总建筑面积约30万平方米，总投资17.5亿元，规划职业教育学位1.5万个，设置11个系部、32个专业，计划2025年3月建成投入使用。

4月2日，国内首台EJM200/6-2掘锚机成功在（孝感）航天重工正式下线。该项目主要用于煤矿井下巷道安全快速掘进，实现掘进、顶侧快速支护、锚固协同作业。

4月7日，第二届武汉都市圈建设专家座谈会发布2022年武汉都市圈城市融合指数，孝感、鄂州、黄石名列前三。与2021年相比，孝感市从第三名进位至榜首。

4月21日，据孝感市住建部门统计公布，2023年1月至3月，全市共完成市政基础设施项目投资48.21亿元，占年度目标任务的30.9%，投资完成率排名全省第2位，投资完成量排名全省第4位。

4月15日至5月5日，第133届中国进出口商品交易会（简称广交会）在广州举行。孝感市共有40家外贸企业参展亮相，共获展位91个，接待客户

2000 余人次，签订意向订单超过 6000 万美元。湖北洋田塑料制品有限公司首次参展便斩获 350 万美元意向订单。

5 月 5 日，2022—2023 年度“中国美好生活城市”榜单在四川成都揭晓，孝感市入选中国“十大秀美之城”。

5 月 7 日，2023 孝感马拉松鸣枪开赛。15105 名海内外跑友从孝感文化中心出发，在奔跑中“打卡”中华孝文化名城，用激情脚步丈量“中国秀美之城”的旖旎风光。

5 月 18 日，据孝感市经济和信息化委员会统计公布，2023 年 1 月至 4 月，全市工业投资同比增长 26.9%，高于全省平均水平 22.8 个百分点，跃居全省第 2 位。

5 月 26 日，首衡城・华中国际食品产业新城集中招商推介签约活动举行，全国各地的 1500 余户市场主体到孝感寻找商机，900 家客商集中签约入驻。

5 月，孝感 3D 科学计算中心正式落成。该中心由孝感市高创投资有限公司投资建设，设计建成 5 台 3D 科学计算机的算力，首期投资 3 亿元的 2 台 3D 科学计算机及其配套设备放置于上海基地并开展算力服务运营。

6 月 2 日，武汉至大悟高速公路武汉至河口西段正式开通，并入全国高速公路路网管理。30 日，武大高速全线通车运营。

6 月 5 日，由全球领先的肉类生产和销售公司——美国泰森食品公司投资建设的泰森湖北孝感智慧工厂正式投产。

6 月 30 日，硚孝高速公路二期工程项目建成通车。该项目起于武汉市东西湖区东山街京港澳高速灯塔互通，止于孝感市孝南区毛陈镇焦湖村，路线全长 12 千米（其中孝感境段约 8 千米），全线按照双向四车道高速公路标准修建，设计速度 100 千米 / 小时。

7 月 3 日，第三届文明交流互鉴对话会暨首届世界汉学家大会在中国国家版本馆中央总馆开幕，包括多国政党政要、汉学家等在内的约 400 位中外嘉宾参加了会议。孝感雕花剪纸作为 13 个非物质文化遗产代表之一亮相对话会，向世界展示了孝感非遗文化的传承与创新之美。

7 月 7 日，孝感市在全省率先印发《孝感市贯彻落实〈湖北省促进个体工商户发展若干措施〉实施方案》，从降低生产经营成本、减轻税费负担、强化金融支持、支持创业创新发展、优化营商环境和优化专业服务供给等 6 个方面出台 35 条具体措施，为个体工商户打造全生命周期的服务链条。各项政策措施除明确规定时限外，有效期3年。

7月18日，孝感“城市大脑”启动上线，标志着以应急管理、智慧城市运行管理、平安建设社会治理“三个中心”为底座的“数智孝感”初步构建，标志着孝感以信息化赋能新型城镇化迈出新步伐。

7月28日，《2023年上半年湖北省工业经济运行调度暨“赛马制”综合评价报告》发布，汉川市在全省31个重点工业县“赛马制”综合评价中排名第一。

8月2日，二季度孝感市招商引资项目集中签约活动举行，共签约项目28个，总投资804.6亿元。

8月9日，孝感市金融创新科技产业园项目开工。该项目总投资约49.51亿元，规划总用地约520亩，由孝感市直属最大国企—澴川国投集团负责融资、投资、建设、运营，打造集金融中心、产业投资中心、科技创新中心、人才交流中心、创业孵化中心、数字服务中心、商务会展中心、高端康养中心等“八大中心”于一体的城市中央商务区，计划于2026年底建成投用。

8月19日，中国共产党孝感市第七届委员会第七次全体会议召开。全会审议通过了《中共孝感市委、孝感市人民政府关于推动城市和产业集中高质量发展，做大做强武汉都市圈重要节点城市的实施意见》。

8月，湖北良诚汽车部件有限公司等51家企业入库2023年湖北省科创“新物种”企业。截至目前，孝感市入库科创“新物种”企业总数达90家，均为“瞪羚”企业。

孝感30年

30TH ANNIVERSARY
OF
XIAOGAN

领导名录

历届孝感市委书记

张忠俭

张昌尔

曹世佑

黄关春

陶　宏

滕　刚

吴海涛

胡玖明

历届孝感市人民政府市长

翁行德

张昌尔

曹世佑

岳　勇

梁惠玲（女）

梁伟年

陶　宏

滕　刚

吴海涛

熊征宇

胡玖明

吴庆华

机构改革

孝感市市级党政机构设置表

党委工作部门

- 纪律检查委员会机关
- 办公室
- 组织部
- 宣传部
- 统一战线工作部
- 政法委员会
- 政策研究室
- 市直机关工作委员会
- 台湾工作办公室

政府工作部门

- 办公室
- 发展计划委员会
- 经济贸易委员会
- 教育局
- 科学技术局
- 民族宗教事务局
- 公安局
- 监察局
- 民政局
- 司法局
- 财政局
- 人事局
- 劳动和社会保障局
- 国土资源局
- 建设局
- 交通局
- 农业局
- 水利局
- 对外贸易经济合作局
- 文化体育局
- 卫生局
- 计划生育委员会
- 审计局
- 环境保护局
- 统计局
- 林业局
- 粮食局
- 外事侨务旅游局
- 法制办公室
- 规划局
- 人民防空办公室
- 机构编制委员会办公室

2001 年，根据中共湖北省委、湖北省人民政府批准的《孝感市机构改革方案》，中共孝感市委、孝感市人民政府制定《市直机关机构改革方案》(孝文〔2001〕15 号)。机构改革后，共设置党政机构 40 个。

1. 党委工作部门 9 个。其中，政法委员会与社会治安综合治理委员会办公室合署办公。部门管理机构 2 个：信访办公室由市委办公室、市政府办公室管理，以市委办公室管理为主；老干部工作局由组织部管理。

2. 市政府工作部门 29 个。监察局与纪律检查委员会机关合署办公，列入政府工作部门序列，不计入政府机构个数。部门管理机构 2 个：物价局由发展计划委员会管理；扶贫开发办公室由政府办公室管理。

3. 议事协调机构的常设办事机构 2 个。人民防空办公室，为市国防动员委员会的常设办事机构，也是市政府人民防空工作主管部门；机构编制委员会办公室，为机构编制委员会的常设办事机构，既是市委机构，又是市政府机构，挂靠人事局。

孝感市人民政府机构设置表

- 政府办公室
- 发展和改革委员会
- 经济和信息化委员会
- 教育局
- 科学技术局
- 民族宗教事务局
- 公安局
- 监察局
- 民政局
- 司法局
- 财政局
- 人力资源和社会保障局
- 国土资源局
- 城乡建设委员会
- 环境保护局
- 交通运输局
- 水利局
- 农业局
- 商务局
- 文化体育新闻出版局
- 卫生局
- 人口和计划生育委员会
- 审计局
- 外事侨务旅游局
- 统计局
- 林业局
- 粮食局
- 法制办公室
- 城乡规划局
- 安全生产监督管理局
- 物价局
- 人民防空办公室
- 国有资产监督管理委员会

2010 年，根据《中共中央、国务院关于地方政府机构改革的意见》（中发〔2008〕12 号）、《中共湖北省委、湖北省人民政府关于市、县政府机构改革的意见》（鄂发〔2009〕13 号）和《省委办公厅、省政府办公厅关于印发〈孝感市人民政府机构改革方案〉的通知》（鄂办文〔2009〕94 号）、《湖北省机构编制委员会关于印发〈孝感市人民政府直属事业单位设置方案〉的通知》（鄂编发〔2009〕41 号）精神，中共孝感市委、孝感市人民政府结合实际，制定了《关于市人民政府机构改革的实施意见》。机构改革后，孝感市人民政府设置工作部门 32 个。监察局与纪律检查委员会机关合署办公，列入市政府工作部门序列，不计入政府机构个数。政府办公室挂金融管理领导小组办公室牌子；发展和改革委员会挂推进武汉城市圈资源节约型和环境友好型社会建设综合配套改革试验区建设领导小组办公室牌子；财政局挂农村综合改革领导小组办公室牌子；文化体育新闻出版局挂版权局牌子；商务局挂招商局牌子；科学技术局挂知识产权局牌子；城乡规划局挂测绘局牌子；外事侨务旅游局挂归国华侨联合会牌子。此外，设置部门管理机构 2 个：政府研究室、扶贫开发办公室由政府办公室管理。

孝感市人民政府机构设置表

- 办公室
- 发展和改革委员会
- 经济和信息化委员会
- 教育局
- 科学技术局
- 民族宗教事务局
- 公安局
- 监察局
- 民政局
- 司法局
- 财政局
- 人力资源和社会保障局
- 国土资源局
- 城乡建设委员会
- 环境保护局
- 交通运输局
- 水利局
- 农业局
- 商务局
- 文化体育新闻出版广电局
- 卫生和计划生育委员会
- 审计局
- 外事侨务旅游局
- 统计局
- 林业局
- 粮食局
- 食品药品监督管理局
- 法制办公室
- 城乡规划局
- 安全生产监督管理局
- 物价局
- 人民防空办公室
- 国有资产监督管理委员会

2014年，中共孝感市委、孝感市人民政府印发《孝感市人民政府职能转变和机构改革方案》。改革后，孝感市人民政府设置工作部门32个。其中，监察局与纪律检查委员会机关合署办公，挂预防腐败局牌子，列入市政府工作部门序列，不计入政府机构个数。办公室挂金融管理领导小组办公室、研究室牌子；发展和改革委员会挂推进武汉城市圈全国资源节约型和环境友好型社会建设综合配套改革试验区建设领导小组办公室牌子；科学技术局挂知识产权局牌子；财政局挂农村综合改革领导小组办公室牌子；人力资源和社会保障局挂公务员局牌子；水利局挂防汛抗旱指挥部办公室、湖泊局牌子；农业局挂畜牧兽医局牌子；商务局挂招商局牌子；文化体育新闻出版广电局挂版权局、文物事业管理局牌子；外事侨务旅游局挂归国华侨联合会牌子；城乡规划局挂测绘地理信息局牌子；人民防空办公室挂地震局牌子。

中共孝感市委机构设置表

- 纪律检查委员会监察委员会机关
- 办公室
- 组织部
- 宣传部
- 统一战线工作部
- 政法委员会
- 政策研究室
- 全面深化改革委员会办公室（设在政策研究室）
- 全面依法治市委员会办公室（设在市司法局）
- 国家安全委员会办公室（设在办公室）
- 网络安全和信息化委员会办公室（设在宣传部）
- 财经委员会办公室（设在政策研究室）
- 外事工作委员会办公室
- 机构编制委员会办公室
- 军民融合发展委员会办公室
- 审计委员会办公室（设在市审计局）
- 教育工作领导小组秘书组（设在市教育局）
- 农村工作领导小组办公室（设在市农业农村局）
- 直属机关工作委员会
- 巡察工作领导小组办公室
- 信访局
- 机要和保密局
- 老干部局

孝感市人民政府机构设置表

- 办公室
- 发展和改革委员会
- 教育局
- 科学技术局
- 经济和信息化局
- 民族宗教事务委员会
- 公安局
- 民政局
- 司法局
- 财政局
- 人力资源和社会保障局
- 自然资源和规划局
- 生态环境局
- 住房和城乡建设局
- 交通运输局
- 水利和湖泊局
- 农业农村局
- 商务局
- 文化和旅游局
- 卫生健康委员会
- 退役军人事务局
- 应急管理局
- 审计局
- 城市管理执法委员会
- 国有资产监督管理委员会
- 市场监督管理局
- 统计局
- 医疗保障局
- 人民防空办公室
- 研究室
- 扶贫开发办公室
- 地方金融工作局
- 政务服务和大数据管理局

孝感市党委政府直属事业单位设置表

党委直属事业单位

- 党校
- 孝感日报社
- 史志研究中心
- 档案馆
- 孝感广播电视台

政府直属事业单位

- 机关事务服务中心
- 孝感住房公积金中心
- 农业科学院
- 农业技术推广中心
- 公共检验检测中心

2019年，中共湖北省委、湖北省人民政府批准《孝感市机构改革方案》。改革后，孝感市共设置市级党政机构47个。其中市委机构15个（含纪检监察机关1个，工作机关14个）。市政府工作部门32个。

重要文件

序号	标题	文号	发文时间
1	中共孝感市委关于印发张忠俭同志在孝感地改市工作动员会议上的讲话的通知	孝发〔1993〕1号	19930613
2	中共孝感市委、孝感市人民政府关于加快发展个体私营经济的意见	孝发〔1993〕15号	19930830
3	中共孝感市委、孝感市人民政府关于贯彻落实江总书记指示精神扎扎实实做好当前工作的意见	孝发〔1994〕1号	19940110
4	中共孝感市委、孝感市人民政府关于实行激励措施促进经济超常规发展的规定	孝发〔1994〕9号	19940312
5	中共孝感市委、孝感市人民政府关于进一步发展体育事业在本世纪末把孝感建成体育强市的意见	孝发〔1995〕31号	19950702
6	中共孝感市委、孝感市人民政府关于深入开展农村小康工程建设的通知	孝发〔1995〕40号	19951201
7	中共孝感市委、孝感市人民政府关于加快农业、农村经济发展的若干意见	孝发〔1996〕7号	19960401
8	中共孝感市委、孝感市人民政府关于认真组织实施府　河综合治理工程的通知	孝发〔1996〕31号	19961010
9	中共孝感市委、孝感市人民政府关于加快扶贫攻坚步伐提前解决农村贫困人口温饱问题的意见	孝发〔1997〕2号	19970131
10	中共孝感市委、孝感市人民政府关于在孝感城区开展创建文明卫生城市启动的通知	孝发〔1997〕14号	19970407

11	中共孝感市委、孝感市人民政府关于一九九八年经济体制改革实施的意见	孝发〔1998〕1 号	19980108
12	中共孝感市委关于开展第二次创业的决定	孝发〔1998〕23 号	19980911
13	中共孝感市委关于开展创建“团结、廉洁、实干”领导班子活动的决定	孝发〔1999〕10 号	19990419
14	中共孝感市委、孝感市人民政府关于坚持三大战略举措一起抓推进农业农村现代化的实施意见	孝发〔1999〕23 号	19991027
15	中共孝感市委、孝感市人民政府关于加强扶贫开发工作巩固扶贫攻坚成果的意见	孝发〔2000〕13 号	20000605
16	中共孝感市委关于进一步加强农村基层组织建设的意见	孝发〔2000〕18 号	20000928
17	中共孝感市委关于《职能配置、内设机构和人员编制方案》的报告	孝办发〔2001〕46 号	20011218
18	中共孝感市委、孝感市人民政府关于乡镇机构改革若干问题的意见	孝发〔2001〕14 号	20010716
19	市委办公室、市政府办公室关于印发《2002 年市直机关学查改活动实施方案》的通知	孝办文〔2002〕13 号	20020418
20	中共孝感市委、孝感市人民政府、孝感军分区关于加强党管武装工作的通知	孝文〔2003〕2 号	20030414
21	中共孝感市委、孝感市人民政府关于切实加强和改进人口与计划生育工作的通知	孝文〔2003〕3 号	20030414
22	中共孝感市委、孝感市人民政府关于贯彻落实《乡镇干部行政行为三项规定》的情况报告	孝文〔2003〕10 号	20031009

23	中共孝感市委关于学习贯彻落实《中共中央关于完善社会主义市场经济体制若干问题的决定》的意见	孝发〔2004〕2 号	20040217
24	中共孝感市委、孝感市人民政府关于《孝感市政府机构改革方案》的报告	孝文〔2004〕20 号	20040724
25	中共孝感市委关于在全市开展保持共产党员先进性教育活动的实施意见	孝发〔2005〕3 号	20050130
26	中共孝感市委、孝感市人民政府关于推进社会主义新农村建设的意见	孝发〔2006〕2 号	20060413
27	中共孝感市委、孝感市人民政府关于加快融入武汉城市圈建设的若干意见	孝文〔2006〕15 号	20061117
28	中共孝感市委、孝感市人民政府关于统筹市区发展调整市区发展空间布局的通知	孝文〔2007〕18 号	20070810
29	市委办公室市政府办公室关于印发《孝感市“三城”同创工作方案》的通知	孝办发〔2007〕22 号	20070424
30	中共孝感市委、孝感市人民政府关于印发《孝感市“两型社会”新农村建设评价指标体系（试行）》的通知	孝发〔2008〕1 号	20080118
31	中共孝感市委、孝感市人民政府关于加快推进“回归创业工程”的意见	孝发〔2008〕7 号	20080611
32	市委办公室、市政府办公室关于印发《孝感市 2009 年优化经济发展环境实施方案》的通知	孝办发〔2009〕7 号	20090226
33	中共孝感市委印发《关于开展全市第二批深入学习实践科学发展观活动的实施方案》的通知	孝发〔2009〕7 号	20090324
34	中共孝感市委、孝感市人民政府关于市人民政府机构改革的实施意见	孝发〔2010〕2 号	20100107

35	中共孝感市委、孝感市人民政府关于加快把孝感建设成为武汉城市圈副中心城市的决定	孝发〔2010〕9 号	20100328
36	中共孝感市委、孝感市人民政府关于推进孝感大别山革命老区经济社会发展试验区建设的意见	孝发〔2011〕10 号	20110608
37	中共孝感市委、孝感市人民政府关于加快推进新型城镇化的实施意见	孝发〔2011〕11 号	20110616
38	中共孝感市委、孝感市人民政府关于加快推进农业科技创新建设农业强市的意见	孝发〔2012〕1 号	20120328
39	市委办公室 市政府办公室关于在全市开展“喜迎十八大 争创新业绩”主题实践活动的通知	孝办发〔2012〕1 号	20120217
40	市委办公室 市政府办公室印发《关于在全市开展“解放思想大讨论”活动的实施方案》的通知	孝办发〔2012〕23 号	20120912
41	市委办公室 市政府办公室印发《关于深入开展“四城同创”活动的实施方案》的通知	孝办发〔2012〕32 号	20121106
42	市委办公室 市政府办公室关于 2013 年在全市开展“万名干部进万村洁万家”活动的通知	孝办文〔2012〕45 号	20121205
43	中共孝感市委、孝感市人民政府关于强化激励措施促进市级经济跨越式发展的意见	孝发〔2012〕13 号	20120904
44	中共孝感市委、孝感市人民政府关于大力推进“五个跨越”、加快建设“五个城市”的意见	孝发〔2012〕21 号	20121231
45	中共孝感市委、孝感市人民政府关于组织实施孝感事关全局的 100 个重大工程项目的实施意见	孝发〔2012〕22 号	20121231
46	中共孝感市委 孝感市人民政府关于全力支持市直“三区”跨越式发展的意见	孝发〔2013〕6 号	20130514

47	中共孝感市委印发《中共孝感市委关于深入贯彻落实党的十八大精神大力推进“五个跨越”加快建设“五个城市”的决议》等三项决议的通知	孝文〔2013〕2号	20130116
48	市委办公室市政府办公室关于继续大力实施回归创业工程的意见	孝办文〔2013〕14号	20130409
49	中共孝感市委孝感市人民政府关于建立健全“四城同创”工作长效机制的意见	孝发〔2013〕10号	20131203
50	中共孝感市委孝感市人民政府关于全面深化农村改革加快推进农业现代化的若干意见	孝发〔2014〕1号	20140310
51	中共孝感市委印发《关于在全市深入开展党的群众路线教育实践活动实施方案》的通知	孝发〔2014〕4号	20140216
52	中共孝感市委关于加强乡村干部队伍建设的意见	孝发〔2014〕17号	20140917
53	中共孝感市委、孝感市人民政府关于大力推进动力跨越加快建设创新城市的意见	孝发〔2015〕10号	20150831
54	中共孝感市委、孝感市人民政府关于全力推进精准扶贫精准脱贫的实施意见	孝发〔2015〕12号	20151015
55	中共孝感市委办公室印发《关于在全市县级以上领导干部中开展“三严三实”专题教育实施方案》的通知	孝办发〔2015〕10号	20150519
56	中共孝感市委、孝感市人民政府关于落实发展新理念加快推进农业现代化实现全面小康目标的若干意见	孝发〔2016〕1号	20160406
57	中共孝感市委办公室印发《关于在全市党员中开展“学党章党规、学系列讲话，做合格党员”学校教育实施方案》的通知	孝办发〔2016〕8号	20160420

58	中共孝感市委、孝感市人民政府关于深入推进农业供给侧结构性改革培育农业农村发展新动能的实施意见	孝发〔2017〕1 号	20170317
59	中共孝感市委、孝感市人民政府关于加快推进农旅融合发展的实施意见	孝发〔2017〕16 号	20171109
60	中共孝感市委 孝感市人民政府关于孝感市三大攻坚战工作实施方案的情况报告	孝文〔2018〕17 号	20180430
61	中共孝感市委 孝感市人民政府关于推进乡村振兴战略实施的意见	孝发〔2018〕1 号	20180507
62	中共孝感市委关于贯彻落实习近平新时代中国特色社会主义经济思想加快推动孝感经济高质量发展的实施意见	孝发〔2018〕8 号	20180420
63	中共孝感市委、孝感市人民政府关于加快推进中华孝文化名城建设的意见	孝发〔2018〕13 号	20180824
64	中共孝感市委 孝感市人民政府关于孝感市市级机构改革的实施意见	孝发〔2019〕2 号	20190219
65	市委办公室、市政府办公室关于印发《孝感市“一芯驱动、两带支撑、三区协同”区域和产业发展布局推进落实工作方案》的通知	孝办发〔2019〕6 号	20191023
66	中共孝感市委 孝感市人民政府关于抓好“三农”领域重点工作决胜全面建成小康社会的实施意见	孝发〔2020〕1 号	20200404
67	市委办公室 市政府办公室印发《关于全面落实省委省政府更大力度优化营商环境激发市场活力若干措施的实施方案》的通知	孝办发〔2020〕5 号	20200529
68	中共孝感市委 孝感市人民政府关于开展“功能镇区、和美乡村、实力产业”三项行动全面推进乡村振兴加快农业农村现代化的实施意见	孝发〔2021〕1 号	20210319

69	中共孝感市委 孝感市人民政府印发《关于以市场主体需求为导向打造一流营商环境的实施方案》的通知	孝发〔2021〕3号	20210211
70	中共孝感市委印发《关于在全市开展党史学习教育的实施方案》的通知	孝发〔2021〕5号	20210305
71	中共孝感市委 孝感市人民政府关于建立健全推进“主城崛起”体制机制的实施意见	孝发〔2021〕9号	20210412
72	中共孝感市委 孝感市人民政府关于印发《孝感市“五城同创”行动方案》的通知	孝发〔2021〕11号	20210502
73	中共孝感市委 孝感市人民政府关于2022年持续实施“三项行动”全面推进乡村振兴的实施意见	孝发〔2022〕1号	20220313
74	中共孝感市委印发《贯彻落实<中共湖北省委关于进一步加强党的政治建设 坚持“两个确立”做到“两个维护”的决定>责任分解方案》的通知	孝发〔2022〕2号	20220110
75	中共孝感市委关于印发《开展党员干部下基层察民情解民忧暖民心实践活动的实施方案》的通知	孝发〔2022〕10号	20220524
76	中共孝感市委办公室印发《孝感市关于推动党史学习教育常态化长效化的实施意见》的通知	孝办发〔2022〕3号	20220525
77	中共孝感市委印发《关于开展“三学三立”活动 加强干部能力作风建设的工作方案》的通知	孝发〔2022〕12号	20220720
78	中共孝感市委办公室关于印发《孝感市贯彻省第十二次党代会精神全力打造武汉都市圈重要节点城市的落实方案》的通知	孝办发电〔2022〕57号	20220815

79	市委办公室 市政府办公室印发《关于开展美好环境与幸福生活共同缔造活动试点工作的实施方案》的通知	孝办发〔2022〕4号	20220830
80	中共孝感市委关于认真学习宣传贯彻党的二十大精神的决定	孝发〔2022〕18号	20221121
81	中共孝感市委关于印发《孝感市基层党建“十全十美”工作实施方案》的通知	孝发电〔2023〕1号	20230324
82	中共孝感市委 孝感市人民政府关于2023年持续深入推进宜居宜业和美乡村建设加快建设农业强市的实施意见	孝发〔2023〕1号	20230403
83	中共孝感市委办公室印发《关于在全市大兴调查研究的实施方案》的通知	孝办发〔2023〕4号	20230415
84	市委办公室 市政府办公室印发《孝感市贯彻落实〈中共湖北省委、湖北省人民政府关于加快建设全国构建新发展格局先行区的实施意见〉工作方案》的通知	孝办发电〔2023〕27号	20230527
85	中共孝感市委、孝感市人民政府关于推动城市和产业集中高质量发展做大做强武汉都市圈重要节点城市的实施意见	孝发〔2023〕9号	20230819

重大决策

1996年10月10日

中共孝感市委、孝感市人民政府印发《关于认真组织实施府澴河综合治理工程的通知》(孝发〔1996〕31号),决定从1996年开始,用两年时间,对府澴河进行综合治理。《通知》指出:综合治理府澴河,总体思路是实行水利建设与修复水毁相结合,与血防灭螺相结合,与疏通航道相结合,与植树造林相结合。整个工程包括堤防加固加修、涵闸整治、分洪区建设、血防灭螺、疏通航道五大内容。《通知》要求,工程总原则是:举全市之力,兴千秋基业,坚持受益负担,全市支援重点。总的要求是:全市上下大动员,60万劳力万名干,5000台机械大会战,完成任务迎元旦。

1997年4月7日

中共孝感市委、孝感市人民政府印发《关于在孝感城区开展创建文明卫生城市活动的通知》(孝发〔1997〕14号),决定在孝感城区广泛开展创建文明卫生城市活动。通知指出:力争1997年孝感城区达到省级卫生城市标准,1999年达到省级文明城市标准。《通知》要求,创建文明卫生城市,城区所有单位,包括机关、企事业单位、中省企业、驻军部队,所有市民,包括领导、干部职工、居民、学生和驻军官兵,都要以主人翁的姿态,积极投入到创建活动之中,共同优化孝感城区的文明卫生环境。

1998年8月29日

中国共产党孝感市第一届委员会第十一次全体会议通过《中共孝感市委关于开展第二次创业的决定》(孝发〔1998〕23号),决定动员和组织全市广大人民抢抓机遇,奋力拼搏,全面开展第二次创业,把一个蒸蒸日上的孝感带入21世纪。开展第二次创业,要以加快发展为核心,以增强区域经济竞争力为主题,以发展城市经济、完善城市功能为重点,以发展民营经济为主体和突破口,推进农业产业化,调整完善经济机构,增强区域经济综合实力,全面增强机制优势、产业优势、科技优势和环境优势。

1999 年 10 月 27 日

中共孝感市委、孝感市人民政府印发《关于坚持三大战略举措一起抓 推进农业农村现代化的实施意见》(孝发〔1999〕23 号)，提出坚持把农业产业化经营、乡镇企业二次创业、小城镇建设三大战略举措扭在一起抓，做到整体规划、突出重点、精心组织、分步实施、扎实推进。《意见》要求：从孝感市实际出发，全市农业农村现代化建设分三步推进：力争到 2005 年建成农业强市，到 2015 年基本实现农业现代化，到 2020 年初步实现农村现代化。

2006 年 11 月 17 日

中共孝感市委、孝感市人民政府印发《关于加快融入武汉城市圈建设的若干意见》(孝文〔2006〕15 号)，进一步明确融入武汉城市圈的指导思想是：按照省委、省政府推进武汉城市圈建设的重大部署，遵循区域经济发展一体化规律，坚持依托武汉，积极服务武汉，主动融入武汉，加快发展孝感，为建设经济强市和构建和谐孝感奠定坚实基础。奋斗目标是：努力把孝感建设成为武汉城市圈的工业协作配套、农副产品加工供应、商贸物流集散、旅游休闲度假、人力资源培训和科技成果转化六大基地。

2010 年 3 月 28 日

中共孝感市委、孝感市人民政府印发《关于加快把孝感建设成为武汉城市圈副中心城市的决定》(孝发〔2010〕9 号)，《决定》进一步明确孝感在武汉城市圈发展中的战略定位。《决定》要求：充分利用孝感地处武汉城市圈核心圈层的地缘优势，围绕推进汉孝经济一体化和空间同城化，积极承接大武汉产业转移，有效承担大都市功能延伸，把孝感打造成为“经济总量大、城市规模大、区域带动力强”鄂东北大城市，形成以中心城市为核心、县域经济为支撑的发展格局。按照“一年起好步、三年打基础、十年基本建成”的建设进程，把孝感建设成为名副其实的武汉城市圈副中心城市。

2013 年 1 月 4 日

中共孝感市委五届四次全体（扩大）会议暨全市经济工作会议通过《中共孝感市委关于深入贯彻落实党的十八大精神 大力推进“五个跨越”加快建设“五个城市”的决议》(孝文〔2013〕2 号)，《决议》指出：省十次党代会确定了“五个湖北”建设新任务，并把孝感建设成为武汉城市圈副中心城市上升为省级战略。《决议》要求：大力推进“五个跨越”、加快建设“五个城市”，要以科学发展、跨越式发展为主题，以建设经济强市为核心，以建设鄂豫省际区域性中心城市为引领，以建设中华孝文化名城为特色，以建设创新城市为动力，以建设人民幸福城市为根本，着力增创科技发展新优势，确保孝感发展走在武汉城市圈前列，在全省“支点”建设中发挥重要作用。

2015 年 10 月 8 日

中共孝感市委五届七次全体（扩大）会议通过《关于全力推进精准扶贫精准脱贫的实施意见》（孝发〔2015〕12 号），《意见》明确：以“精准扶贫、不落一人”为总要求，以集中连片贫困地区为主战场，以建档立卡贫困人口为主要对象，坚持开发扶贫与社会保障两轮驱动、片区攻坚与精准扶贫同步推进、政府市场社会“三位一体”、资源开发与绿色发展统筹兼顾、扶贫开发与基层组织建设有机结合，大力实施“12345678”扶贫攻坚作战计划。《意见》明确：我市脱贫攻坚总目标为：到 2018 年底以前，实现全市 33.95 万贫困人口全部脱贫销号、503 个贫困村全部脱贫出列、2 个贫困县全部“摘帽”。

2018 年 5 月 7 日

中共孝感市委、孝感市人民政府印发《关于推进乡村振兴战略实施的意见》（孝发〔2018〕1 号），《意见》提出：按照产业兴旺、生态宜居、乡风文明、治理有效、生活富裕的总要求，加快推进农业农村现代化，奋力开创“三农”工作新局面。《意见》明确：到 2020 年，乡村振兴取得重要进展、走在全省前列，制度框架和政策体系基本形成。到 2035 年，乡村振兴取得决定性进展，农业农村现代化基本实现，建成农业强市。到 2050 年，乡村全面振兴，农业强、农村美、农民富全面实现。

2018 年 8 月 24 日

中共孝感市委、孝感市人民政府印发《关于加快推进中华孝文化名城建设的意见》（孝发〔2018〕13 号），《意见》指出：孝感市是全国唯一以孝命名的地级市，孝文化是孝感最深沉、最鲜明的地方文化。《意见》要求：按照“党政主导、社会主体，系统规划、分步实施，项目引领、突出重点”的原则，发挥传统文化优势对经济社会的涵养和推动作用，努力打造中华孝文化学术研究和交流基地、世界华人孝文化教育学习和旅游体验基地、全国重点孝文化产业和老龄产业基地，奋力助推新时代孝感高质量发展。

2021 年 3 月 19 日

中共孝感市委、孝感市人民政府印发《关于开展“功能镇区、和美乡村、实力产业”三项行动 全面推进乡村振兴 加快农业农村现代化的实施意见》（孝发〔2021〕1 号）。《意见》指出：牢牢守住底线，实现巩固拓展脱贫攻坚成果同乡村振兴有效衔接。《意见》要求：着力“功能镇区”，全面启动乡村建设行动。持续强化规划引领，加强乡村公共基础设施建设，提升乡村基本公共服务水平，加快县域内城乡融合发展；着力“和美乡村”，提升乡村善治水平。提升乡村治理效能，加强新时代农村精神文明建设，实施农村人居环境整治五年提升行动，扎实推进第二轮土地承包到期后再延长 30 年工作；着眼“实力产业”，加快农业产业强市建设。全方位提升粮食和重要农产品的保障能力，多层次推动一、三产业融合发展，落实最严格耕地保护制度。

2021 年 4 月 12 日

中共孝感市委、孝感市人民政府印发《关于建立健全推进“主城崛起”体制机制的实施意见》（孝发〔2021〕9 号），《意见》明确：加快推动孝南区、市高新区、市临空经济区一体化建设和高质量发展，做大做强主城综合实力，提升主城龙头地位和辐射带动作用，打造建设武汉都市圈副中心强大新引擎。《意见》要求：坚持便捷高效、必要可行、依法依规、权责一致的原则，增强主城发展的协同性、联动性和整体性。

2021 年 5 月 2 日

中共孝感市委、孝感市人民政府印发《孝感市“五城同创”行动方案》（孝发〔2021〕11 号），《方案》提出：“五城同创”行动分为两个阶段，2021 年至 2023 年，突出基础设施大建设、城市管理大升级、市民素质大提升，重获省级文明城市荣誉称号，取得全国文明城市提名资格，创成国家卫生城市、国家森林城市，巩固国家园林城市创建成果。2024 年至 2026 年，建成和谐宜居、富有活力、具有特色的现代化城市，取得国家生态文明示范市、全国文明城市荣誉称号。

2022 年 8 月 15 日

中共孝感市委办公室印发《孝感市贯彻省第十二次党代会精神全力打造武汉都市圈重要节点城市的落实方案》(孝办发电〔2022〕57 号)。《方案》指出：省第十二次党代会赋予孝感打造武汉都市圈重要节点城市的光荣使命，全市上下要系统贯通，一体推进贯彻落实。统筹贯彻落实党中央决策部署和省委工作要求，实现“六个发展”，努力把孝感打造成“城镇空间、产业体系、市场流通、城乡融合、流域治理、民生共享”的重要节点，奋力谱写中国式现代化的孝感篇章。以流域综合治理统筹发展和安全，编制、实施全市流域综合治理和统筹发展规划，以国土空间布局的有序推动发展的有序；以“四化同步”推进高质量发展，突破性发展新能源与智能网联汽车、光电子信息等产业，推进以县城为重要载体的就地城镇化，深入实施乡村振兴“三项行动”，打造内陆开放新高地；坚持以人民为中心促进共同富裕，兜牢民生底线，共同缔造美好环境和幸福生活，让经济发展更有温度、更具情怀。

2022 年 8 月 30 日

中共孝感市委办公室、孝感市人民政府办公室印发《关于开展美好环境与幸福生活共同缔造活动试点工作的实施方案》(孝办发〔2022〕4 号)。《方案》指出：广泛开展共同缔造活动，发动群众决策共谋、发展共建、建设共管、效果共评、成果共享，是贯彻新发展理念的生动实践，是走好新时代党的群众路线的有效路径，是夯实党的执政基础的有力举措，是贯彻习近平总书记考察湖北重要讲话精神和省第十二次党代会决策部署的具体行动。通过组织发动群众，尽力而为、量力而行，把党的正确主张变为群众的自觉行动，从解决人民群众最关心最直接最现实的利益问题抓起，密切党群干群关系，永远保持党同人民群众的血肉联系。各级各部门要把思想和行动统一到省委部署要求上来，准确把握共同缔造的理论依据、深刻内涵、精神要义和路径方法，强化共同缔造理念、用好共同缔造方法，以思想自觉引领行动自觉，推动活动深入开展。要抓好结合，做实试点。坚持系统观念、贯通思维，以正在做的事为中心，紧密结合孝感实际，以城乡社区为基本单元，以改善群众身边、房前屋后人居环境的实事小事为切入点，以构建“纵向到底、横向到边、共建共治共享”的城乡基层治理体系为目标，把共同缔造活动与“五城同创”“三项行动”等结合起来，切实解决好基层楼栋、村湾群众面临的急难愁盼问题。要加强领导，强化支撑。坚持领导示范带头，统筹资金和项目，强化工作保障，切实把活动抓好抓实，把试点抓出成效。

2023年3月24日

中共孝感市委印发《孝感市基层党建“十全十美”工作实施方案》（孝发电〔2023〕1号）。《方案》提出，要坚持抓基层、强基础、固基本，着力增强党组织政治功能和组织功能，聚焦基层党建工作“全面进步、全面过硬”推进“十全”，即：党员群众服务中心“建管用”全面提升；基层干部生活工作条件全面改善；开展支部巡整，促软弱涣散村党组织全面整顿；村级“四议两公开”制度全面落实；集体经济薄弱村全面消除；两新组织党的组织和工作全面覆盖；村（社区）干部遍访群众全面开展；村（社区）书记论坛、导师帮带全面深化；困难党员结对帮扶全面推行；资源、服务、平台全面下沉。围绕美好环境与幸福生活共同缔造选树“十美”，即：选树最美党员群众服务中心；选树最美集体经济发展村（社区）；选树最美红色村；选树最美共同缔造示范点；选树最美乡土人才；选树最美“领头雁”；选树最美“小区长、楼栋长、单元长”；选树最美下沉党员；选树最美致富带头人；选树最美第一书记。

2023年8月19日

中共孝感市委、孝感市人民政府印发《关于推动城市和产业集中高质量发展 做大做强武汉都市圈重要节点城市的实施意见》（孝发〔2023〕9号）。《意见》提出：推动城市和产业集中高质量发展的基本原则是坚持流域治理，安全发展；坚持系统观念，协调发展；坚持开放协作，创新发展；坚持节约集约，集聚发展；坚持人民至上，共享发展。目标定位是以提升主城首位度和产业集聚力为重点，全面融入湖北省和武汉都市圈区域发展布局，加快建设中华孝文化名城，华中地区商贸物流和供应链基地，武汉都市圈先进制造业基地、农产品加工基地、休闲旅游康养基地，切实把孝感做大做强，成为武汉都市圈不可或缺的有机组成部分。工作举措是聚焦聚力打造精明紧凑主城区，做大做强主导优势产业，深入推进主城区产城融合发展，增强县城综合承载能力，推进土地节约集约利用。

后记

人三十而立，城三十而兴。

为庆祝孝感建市 30 周年，系统回顾建市以来历届市委、市政府领导孝感人民取得伟大成就的奋进历程，2022 年起，在市委、市政府领导下，市史志研究中心启动《三十而立——孝感建市 30 周年发展纪略》一书的编写工作，组建了全员参与、各负其责、精干高效的编辑组。全书前期由郭保东同志领衔、后期由林成儒同志主持，胡雪城同志具体负责，李永来同志统筹文字。参加具体编写工作的有：易秀云、张可杰、秦荣、裴再文等，刘希平、胡昊承担了联络工作。

全书坚持以史为纲，按照时间脉络择取孝感建市以来的大事、要事进行重点展示，又缀以细节，以期纲举目张、执本末从，力图为读者展开一幅孝感人民艰苦创业、励志耕耘、披荆斩棘、砥砺奋进的宏伟画卷。

在编写书稿过程中，市委办公室协调推进资料征集工作，市人大常委会办公室、市政府办公室、市政协办公室、市委组织部、市委宣传部、市委政研室、市政府研究室、市委老干部局、市财政局、市总工会、团市委、市妇联、市工商联等单位给予了大力支持，孝感日报社、市统计局、市科技局、市人社局、市文旅局、市环保局、市自然资源和规划局等有关市直单位和各县市区委办公室、史志研究中心提供了大量翔实的资料，毛峰、代纯、晏美华、李文勇、徐文、吴垠、石玲、孟畅、李琦、谢蕾、李健等同志提供了清晰精美的图片，有关专家参与了书稿审读工作，在此一并表示衷心感谢！

由于时间和水平有限，书中难免存有疏漏和不当之处，敬请广大读者批评指正。

编者

2023 年 8 月

图书在版编目（CIP）数据

三十而立：孝感建市30周年发展纪略 / 孝感市史志研究中心编著. -- 北京：中央文献出版社，2023.12
ISBN 978-7-5073-4940-5

Ⅰ. ①三… Ⅱ. ①孝… Ⅲ. ①城市史－孝感 Ⅳ. ① K296.33

中国国家版本馆CIP数据核字（2023）第073483号

三十而立：孝感建市30周年发展纪略

编 著 者：孝感市史志研究中心

责任编辑：吕奇伟 叶 涛
装帧设计：嘉盛时代 & 尽心斋
责任印制：黄 冉

出版发行：中央文献出版社
地　　址：北京西四北大街前毛家湾1号
邮　　编：100017
网　　址：www.zywxpress.com
电子邮箱：zywx5073@126.com
销售热线：010-83089394 / 83072509 / 83089319 / 83089404 / 83089317
经　　销：新华书店
排　　版：北京星昊天展览展示有限公司
印　　刷：北京尚唐印刷包装有限公司

787毫米×1092毫米　16开　21.75印张　371千字
2023年12月第1版　2023年12月第1次印刷

ISBN 978-7-5073-4940-5　定 价：108.00元